CURLING 컬링
기초교본

컬링 기초교본

발행일	2018년 8월 27일		
지은이	양 재 봉		
펴낸이	손 형 국		
펴낸곳	(주)북랩		
편집인	선일영	편집	권혁신, 오경진, 최승헌, 최예은, 김경무
디자인	이현수, 김민하, 한수희, 김윤주, 허지혜	제작	박기성, 황동현, 구성우, 정성배
마케팅	김회란, 박진관, 조하라		
출판등록	2004. 12. 1(제2012-000051호)		
주소	서울시 금천구 가산디지털 1로 168, 우림라이온스밸리 B동 B113, 114호		
홈페이지	www.book.co.kr		
전화번호	(02)2026-5777	팩스	(02)2026-5747

ISBN   979-11-6299-283-8 13690(종이책)   979-11-6299-284-5 15690(전자책)

이 도서의 국립중앙도서관 출판예정도서목록(CIP)은 서지정보유통지원시스템 홈페이지(http://seoji.nl.go.kr)와
국가자료공동목록시스템(http://www.nl.go.kr/kolisnet)에서 이용하실 수 있습니다.
(CIP제어번호: CIP2018026508)

컬링
기초교본

양재봉 지음

CURLING

북랩 book Lab

머리말

 1996년 컬링을 처음 시작한 이후로 선수생활과 코치·감독생활을 하면서 컬링종목의 기본서에 대한 필요성을 느끼고 자료를 정리하던 중 한국외국어대학교에서 컬링종목의 강좌개설요청을 받아 은사이신 동국대학교 채재성 교수님의 도움으로 상당한 시간과 노력을 투자하여 이 책을 출간하게 되었다.

 이 책의 출간으로 컬링을 좀 더 쉽게 이해하고 즐길 수 있다면 컬링인의 한 사람으로서 매우 기쁜 일이라고 생각한다. 컬링종목의 노하우나 연구자료 부족은 국내 사정만이 아닌 컬링 선진국 캐나다의 경우에도 크게 다르지 않아서, 개략적인 컬링종목의 훈련법, 작전법, 코칭이 있을 뿐 실전 전략을 포함한 자료가 많이 부족한 현실은 비슷하다고 평가한다. 운동을 가르치고 보급하는 차원에서의 실전 노하우가 담겨있는 다양한 세부 영역의 심도 깊은 연구가 필요한 현실을 볼 때 컬링선수 1세대라고 자부하는 저자의 연구와 노력이 더욱 필요하다고 자책해 본다.

 1998년 나가노동계올림픽에서 정식종목으로 채택되어 종목이 세계인에게 주목을 받기 시작하였지만 현실적으론 유럽 및 북미에서만 전통적 동계생활 스포츠로 큰 인기를 얻고 있으며 대다수 사람들에게 아직은 생소한 경기이다. 대한민국은 2001년 아시아태평양 컬링선수권대회에서 국제대회에서 최초로 우승하고 2007 동계아시안게임에서 컬링강국 일본과 중국을 통쾌하게 물리치고 남·녀 팀이 나란히 금메달을 획득하는 등 각종 국제무대에서 우수한 성적으로 국위를 선양하였으며 2006 전주세계주니어선수권대회와 2009 강릉세계여자컬링선수권대회를 유치해 성공적으로 마침으로써 세계 컬링인들의 찬사를 받았다.

현재 국내 컬링인구는 선수, 동호인 등을 포함하여 2천여 명을 넘어섰고 컬링경기의 대표적 대회인 제91회 전국동계체육대회에서는 전국에서 선발된 종별 61개 팀 300여 명이 참여하는 대규모 행사로 동계종목에서 거듭나게 되었다.

컬링운동의 장점으로는 볼링과 배드민턴과 같이 운동시작 초기에는 적은 연습으로도 남녀노소 누구나 쉽게 즐길 수 있고, 단체종목의 특징인 조직에 대한 소속감, 구성원간의 협동심, 상대방에 대한 배려심 등을 배양할 수 있으며, 한 경기를 끝마치기까지 3~4km의 거리를 걷고 뛰면서 스위핑을 해야 하기 때문에 근 지구력과 심폐지구력을 향상시켜 다이어트에도 도움을 준다. 따라서 두뇌 활성화와 남녀노소 누구나 즐길 수 있는 스포츠로서 앞으로 생활 스포츠로 활성화 될 가능성이 충분하다고 생각한다.

현재 서울시컬링경기연맹에서(02-2699-1441)는 예금보험공사 직원연수, 삼성학교 임직원 강습, 중소기업의 신입사원 교육 프로그램 등 다양한 단체강습(http://curling.cc)을 개최하여 컬링을 홍보하고 체험할 수 있도록 많은 프로그램을 운영하고 있다.

부족한 글이지만 본서를 통해 독자들이 올바른 자세와 정확한 기술을 익혀 보다 과학적인 컬링을 즐길 수 있게 되기를 바란다. 끝으로, 책이 완성될 수 있도록 격려와 응원을 아낌없이 해주신 서울시 컬링연맹 권종택 회장님께 감사의 마음을 그리고 어려운 시기 큰 힘이 되어준 김재원 선수에게 고마움을 전한다.

2018 KB금융한국컬링선수권대회
심판장 양재봉

목차

제3장 컬링운동의 기본

제4장 투구와 스위핑

제5장 샷의 종류

제6장 경기전략

제7장 기량향상

제8장 규칙

제9장 컬링대회와 시즌

제10장 대회규정 및 규칙

제11장 어디에서 컬링을 할 수 있나?

부록

제 **1**장

컬링운동을
시작하기 전에

1. 컬링의 유래

컬링은 16세기 이전 스코틀랜드 지역을 배경으로, 얼음위에 돌을 가지고 굴리는 놀이로부터 시작되었다고 한다. 현재의 벨기에 · 네덜란드 · 룩셈부르크 등 북해 연안 저지대의 노인들을 소재로 한 피터 브뢰헬의 그림들을 보면, 그쪽 지역에서도 컬링이 행해졌음을 알 수 있다. 컬링을 세계적으로 널리 보급한 스코틀랜드는 1838년 에든버러에서 국제적 컬링 주관단체인 그랜드 캘러도니언 컬링 클럽을 창설하였는데, 이 단체는 1842년 국왕의 칙허에 따라 로열 캘러도니언 컬링 클럽으로 재정비되었고 1966년에는 에든버러에서 국제 컬링 연맹이 창설되었다.

캐나다에서는 1852년 로열 캘러도니언 컬링 클럽의 캐나다 지국이 생겼으나, 이미 1807년부터 로열 몬트리올 컬링 클럽이 존재하고 있었다. 1927년부터 시작된 캐나다 컬링 선수권대회는 현재 세계에서 가장 규모가 큰 컬링 대회로 꼽히고 있다.

미국에서는 로열 캘러도니언 컬링 클럽과 제휴하여1867년 아메리카 그랜드 내셔널 컬링 클럽이 조직되었다. 미국에서 가장 오래된 컬링 클럽은 1832년에 조직된 디트로이트 근교의 오처드 레이크 클럽이다. 1957년 최초의 미국 컬링 선수권대회가 개최되었고, 1958년에

125개의 컬링 클럽들이 연합하여 미국 컬링 협회를 결성했다. 1947년에는 미국 여자 컬링 협회도 창설되었다. 제2차 세계대전 이후 여자와 청소년들 사이에서 컬링이 급격한 인기를 끌었다. 그밖에도 대부분의 서부 유럽 국가에는 컬링 클럽들이 있었다. 1959년부터 세계 컬링 선수권대회가 개최되고 있으며, 주로 캐나다 선수들이 대회를 주도해왔다.

현재 캐나다에서는 컬링이 아이스하키와 더불어 국민적 스포츠로서 각광 받고 있으며, 미국 및 유럽각국과 오스트레일리아, 뉴질랜드, 그리고 일본에서도 남녀노소를 불문한 생활스포츠로서 널리 행해지고 있다. 전 세계적으로 컬링선수 및 애호가는 200만으로 지난 "98 나가노동계올림픽"에서 정식 종목으로 실시된 이후 급격히 컬링 인구가 증가되고 있다.

한국에 있어서의 컬링 역사는 1994년 1월 쌍방울그룹에서 대한컬링경기연맹(초대회장 공천섭)을 창설하였고, 그해 4월 세계연맹에 가입함과 동시에 세계연맹 지도자초청강습회를 목동아이스링크에서 개최하였다. 그해의 7월 태평양컬링경기연맹 가입 이후 매년 1~2회의 강습회와 전국컬링대회를 개최하여 컬링의 보급에 힘써 왔고 해외전지훈련 및 국제경기대회에도 꾸준히 참가하여 국내외적으로도 크게 그 활동을 인정받아 1996년 대한체육회 정가맹단체가 되었다. 1995년 제5회 아시아태평양 컬링대회를 시작으로 우리나라 선수들은 세계대회를 출전하면서 경기경험을 키워갈 수 있는 계기가 되었다. 1997년 드디어 제78회 전국동계체육대회 시범종목으로 채택실시 되었으며 매년 꾸준히 시범종목으로 전국동계체육대회에 참여하다 2000년 제81회 전국동계체육대회 일반부 정식종목으로 채택되어 대회를 실시하였다. 국제무대에서도 아시아-태평양컬링협회(PCF)연차 총회(캐나다, 빅토리아)에서 회장에 공천섭(본 연맹 회장), 사무총장에 김영철(본 연맹 부회장)이 선출되는 쾌거를 이루었다. 국내에서 컬링이 주목받기 시작한 것은 1998년 나가노 동계올림픽 정식 종목으로 채택되면서부터이고 그 이후로 한국 컬링 인구는 매년 증가하여 2009년 현재 등록 선수는 약 1000명이고, 동호인을 포함하여 2000명이 넘게 되었다. 아울러 2001아시아태평양컬링선수권대회에서 여자팀 우승, 2002아시아태평양컬링선수권대회에서 남자팀 우승, 여자팀 준우승, 2004세계주니어컬링선수권대회에서는 남자팀 4강 진출이라는 쾌거를 이루고, 2007동계아시안게임에서 남자팀 금메달, 여자팀 금메달을 획득하는 등 메달 효자 종목으로 부상하였다. 과거에 비해 컬링 저변 인구가 늘고 있지만, 짧은 역사만큼 아직까지는 걸음마 수준이다. 컬링 선진국인 캐나다는 보유 선수만 수십만 명에 이르고 주마다 수십 개의 컬링경기장을 갖추고 있다.

세계컬링연맹은 컬링정신을 다음과 같이 정하고 있다. 컬링은 기량과 전통의 스포츠이다. 정확한 투구는 보는 것만으로도 즐거운 일이지만 게임 정신이 살아있는 유서 깊은 전통을 보는 것은 훌륭한 일이다. 좋은 컬링 선수는 이기기 위해 시합하지만 결코 상대를 해(害)코지 하지 않아야 한다. 진정한 컬러는 페어 하지 않게 이기는 것보다 페어 하게 지는 쪽을 택한다. 컬러는 상대의 기를 흐트러뜨리거나 상대의 최선을 다한 플레이를 방해하는 행동은 결코 하지 않아야 한다. 컬러는 의도적으로 경기의 규칙이나 관습을 어기는 행동을 하지 말아야 한다. 그러나 부주의로 인해 실수하고 이를 인지한 경우는 곧바로 위반을 자진해서 알려야 한다. 컬링게임의 주요한 목적은 경기자의 상대적인 기량을 결정하는 것이지만 한편 게임의 정신은 훌륭한 스포츠맨십, 친절한 마음, 숭고한 태도를 구하고자 하여야 한다. 이 정신은 경기 규칙의 해석이나 적용에 응용되어져야 함과 동시에 경기장 안에서나 밖에서를 구별하지 않고 모든 참가 관계자의 행위에 적용되어져야 한다.

1) 다양한 작전구상을 함으로써 두뇌의 회전을 좋게 한다.
2) 상대팀과의 심리전에서 오는 긴장감을 극복하고 통찰력을 배양한다.
3) 각자에게 주어진 임무완수를 위하여 책임감을 발휘한다.
4) 목표달성을 위하여 팀원 전체의 단결력이 결속된다.
5) 얼음 위에서 하는 경기이기 때문에 몸의 밸런스가 좋아진다.
6) 장시간(약2시간30분)에 걸친 경기이기 때문에 체력배양에 좋다.
7) 추운 곳에서 행함으로써 감기 등 환절기 질병을 예방하고, 저항력을 키워준다.
8) 장비는 일절 아이스링크에 준비되어 있으므로 타 운동에 비해 간편하고, 저렴한 비용으로 즐길 수 있다.

2. 컬링의 특성

컬링종목의 특성은 누구나 남녀노소를 불문하고 손쉽게 게임을 즐길 수 있는 동계스포츠이다. 볼링을 배우기 위해서 스텝 연습을 하는 것과 같이 컬링도 간단한 동작들을 배우고 게임진행 방식만 숙지한다면 약 1시간 정도면 체력이 약한 사람일지라도 시합이 가능하고, 단체경기의 특성상 팀워크가 북돋아지고, 상대팀과의 경쟁심을 유발하여 흥미진진한 경기를 진행할 수 있다. 이 컬링은 흔히 '얼음 위의 체스'라 불리듯 바둑, 장기와 같은 정신수양의 특성이 잘 조화되어 있다. 특히 컬링은 체력보다도 작전의 구상과 상대방과의 심리전 등 정신적인 요소가 강한 경기로 일컬어지고 있다. 경기를 구성하는 요소가 작전, 기술, 체력이라면 경기의 전반적인 흐름을 주도하는 작전이 40%, 샷과 스위핑과 같은 기술이 30%, 약 2시간30분 동안 경기를 치러낼 수 있는 체력이 30% 정도의 비율로 필요하다 할 수 있다.

3. 국제컬링경기연맹 가입국
(World Curling Federation Member)

가입연도	가입국가	가입연도	가입국가
1966	캐나다	1991	안도라
1966	스코틀랜드	1992	러시아
1966	노르웨이	1994	대한민국
1966	스위스	1997	벨라루스
1966	미국	1998	대만
1966	스웨덴	1998	브라질
1966	프랑스	1999	미국령 버진아일랜드
1967	독일	1999	스페인
1971	덴마크	2001	라트비아
1971	잉글랜드	2002	중국
1972	이탈리아	2003	그리스
1975	네덜란드	2003	리투아니아
1976	룩셈부르크	2003	슬로바키아
1979	핀란드	2003	아일랜드
1982	오스트리아	2003	에스토니아
1985	일본	2003	카자흐스탄
1988	오스트레일리아	2004	크로아티아
1989	헝가리	2005	벨기에
1990	불가리아	2005	세르비아
1990	체코	2008	웨일스
1991	뉴질랜드	2009	터키
1991	아이슬란드		

4. 대한컬링경기연맹
(Korea Curling Federation)

1) 대한컬링경기연맹 연혁

1994. 1. 25	대한컬링경기연맹 창립
1994. 4. 14	세계컬링경기연맹 가입
1994. 7. 19	태평양컬링경기연맹 가입
1996. 2. 27	대한체육회 정가맹 단체 승인
1997. 2. 12~14	제58회 전국동계체육대회 시범종목 채택실시
1998. 2. 22~23	제79회 전국동계체육대회 시범종목실시
1999. 2. 10~11	제80회 전국동계체육대회 시범종목 실시
2000. 2. 17~18	제81회 전국동계체육대회 일반부 정식종목채택실시
2000. 11. 10	아시아-태평양컬링협회(PCF)연차 총회(캐나다, 빅토리아)에서 회장에 공천섭(본연맹 회장), 사무총장에 김영철(본연맹 부회장)선출됨.
2001. 2. 21~22	제82회 전국동계체육대회 고등부 정식종목 채택 실시
2001. 11. 6~10	PCC2001(2001아시아태평양컬링선수권대회)에서 한국 여자대표팀 첫 우승 -한국에서 첫 국제컬링대회인 아시아태평양컬링선수권대회를 전주에서 성공적으로 개최
2002. 4. 6~14	WCC2002(미국, 비스마르크) 한국여자대표팀 첫 세계컬링대회참가(10위)
2002. 10. 16	제4대 회장으로 김병래 회장 취임
2002. 11. 3~ 8	PCC2002(뉴질랜드, 퀸즈타운) 남자대표팀 우승, 여자대표팀 준우승
2003. 1. 16~26	동계유니버시아드대회(이태리, 타르비지오) 남자대표팀 3위, 여자대표팀 5위

2003. 2. 1~8	2003동계아시안게임(일본, 아오모리) 남자대표팀 금메달, 여자대표팀 은메달 획득
2003. 4. 5~3	WCC2003(캐나다, 위니팩) 세계컬링대회에서 한국남자대표팀 첫승 후 공동 9위
2003. 11. 24~30	PCC2003(일본, 아오모리) 여자대표팀 은메달, 남자대표팀 동메달 획득
2003. 11. 26	PCF 연차정기총회(일본, 아오모리)에서 부회장에 김영철(본연맹 상임 부회장)선출됨.
2003. 12. 20	2003하반기세계컬링연맹 연차정기총회에서 전주2006WJCC컬링선수권대회 승인
2004. 1. 6~10	2004세계주니어챌린지대회(덴마크, 코펜하겐)에서 한국남자주니어대표팀 국제대회에서 첫 금메달 획득
2004. 2. 17~20	제85회 전국동계체육대회 중등부 정식종목, 초등부 시범종목 채택
2004. 3. 20~28	2004세계주니어컬링선수권대회(캐나다, 트로이스리비래스)에서 남자주니어대표팀 강호 캐나다 팀에 승리 후 4위 위업 달성
2004. 11. 20~25	PCC2004(2004아태컬링선수권대회)강원도 춘천 의암빙상장에서 개최 남녀 각6개국 대표팀 참가(오스트레일리아, 중국, 대만, 일본, 한국, 뉴질랜드) 남자팀 – 우승: 뉴질랜드, 준우승: 호주, 한국팀 5위 여자팀 – 우승: 일본, 준우승: 중국, 3위: 한국
2005. 1. 17~23	WWCC2005(스코틀랜드글라스고우, 브래해드컬링장) 한국휠체어컬링팀 7위
2005. 1. 24~28	2005아시아태평양주니어컬링선수권대회 일본(TOKORO) 남자팀우승: 한국, 여자팀우승: 중국, 한국여자팀: 3위
2005. 1. 31	2005.1.31 2005정기대의원총회(파크텔) 제5대 김병래 회장 선임
2005. 3. 3~13	2005세계주니어컬링선수권대회 이태리(PINEROLO) 한국주니어남자팀 8위
2006. 1. 16~20	2006아시아태평양주니어컬링선수권대회 중국(북경) 남녀 팀 각각 3위
2006. 3. 11~19	2006전주세계주니어컬링선수권대회 개최(전주화산빙상장) 남자팀 – 5위 여자팀 – 6위
2006. 3. 31~4. 9	세계컬링연맹총회(미국, 로웰) 2009세계여자컬링선수권대회 개최지로 강릉 결정
2006. 11. 20~26	2006아시아태평양선수권대회(일본 동경 히가시후시미빙상장)한국컬링남자국가대표팀(감독: 유근직,스킵: 이재호)과 여자국가대표팀(감독: 강양원,스킵: 정진숙)이 각각 은메달 획득
2006. 11. 23	아태컬링협회연차총회(PCF AGE)에서 본 연맹 김영철 상임부회장이 아태컬링협회 부회장에 선출됨.

2007. 1. 8~13	뉴질랜드 NASEBY에서 개최된 PJCC2007에서 한국주니어 남녀 대표팀이 각각 은메달 획득(주니어남자팀 감독: 김경석, 주니어여자팀 코치: 이윤미)
2007. 1. 17~27	이태리PINEROLO에서 개최된 2007동계 UNIVERSIADE에서 한국남자대표팀이 공동5위 한국여자대표팀 공동7위 달성(남자팀 감독: 김경두, 여자팀 코치: 박재철)
2007. 1. 28~2. 4	중국 장춘에서 개최된 제6회 동계아시안게임에서 한국 남녀컬링 국가대표팀이 각각 금메달 획득(남자팀 감독: 유근직, 여자팀 감독 강양원)
2007. 11. 18~24	중국 베이징 PCC2007에서 한국 남자팀 5위, 여자팀 3위(남녀우승팀: 중국)
2007. 3. 31~4. 8	캐나다 에드먼턴에서 열린 2007세계남자컬링선수권대회에서 한국남자국가대표팀(강원도청팀)선전(12위)
2007. 4. 13~20	국가대표선발전, 주니어대표설발전 국가대표: 1)남자: 전북사대부고팀, 2)경기도체육회팀 주니어 대표: 1)남자: 전북컬링연맹, 2)전북전주여고팀
2008. 1. 16~20	전주PJCC2008(1/16~20)에서 한국남자팀 &여자팀 각각 동메달(우승 남자: 중국, 우승 여자: 일본)
2008. 4. 16~24	춘천의암빙상장에서 4/16-20 열린 국가대표선발전에서 남자: 부산광역시컬링협회팀, 여자: 경기도체육회팀이 국가 대표팀으로 선발됨(준우승은 남자: 경기도컬링팀, 여자: 전북도청팀). 11월 초순에 열리는 PCC2008 Naseby(NZ)에 태표팀들은 출전하게 됨. 4.21~24 주니어대표선발전에선 남: 서울컬링,여: 서울시연맹팀이 우승하여 국가주니어대표팀으로 확정. 2009.1월 중국 할빈에서 개최예정인 PJCC2009에 출전하게 됨.
2008. 11. 1~9	11/1~9 뉴질랜드 Naseby에서 열린 PCC2008에서 우리여자 국가대표팀(감독 정영섭)은 강호 일본을 제치고 준우승(은메달)을 차지. 2009세계여자컬링선수권대회 출전권 획득. 남자 국가대표팀(감독 신영국)은 예선전1위로 준결승전에 올라 선전했으나 4위 달성
2008. 4. 9	본연맹 김영철 상임부회장이 미국 North Dakota주의 Grand Forks City에서 개최된 세계컬링연맹 연차정기총회에서 세계컬링연맹 집행위원으로 피선되었음.(세계연맹 집행위원은 당연직인 세계연맹의 회장, 부회장, 재무위원장을 포함하여 총 7인이며, 집행위원회는 최고 의사결정 및 집행기관임)
2009. 1. 22	2009정기대의원총회에서 김병래 회장을 제6대 회장으로 참석자 전원 재추대

2009. 1. 9~14	중국 하얼빈에서 열림 PJCC2009에서 한국주니어남자대표팀(감독: 김팔성 선수: 김현태,김준성, 이재문, 박규남)이 은메달을, 한국주니어여자대표팀(감독: 김현경/코치: 임성민, 선수: 김은지, 엄민지, 박새날, 염윤정, 정미연)은 동메달을 획득
2009. 2. 18~28	09/02/18~28 중국 하얼빈에서 열린 동계유니버시아드대회에서 우리나라(단장: 강양원) 남자팀(감독: 김경석, 선수: 김창민, 김민찬, 임명섭,성세현, 서영선)이 4위 여자팀(코치: 박재철 선수: 정진숙, 김지숙, 주윤화, 박미희, 이혜인)이 7위를 차지
2009. 3. 20~29	09/03/20~29 강릉에서열린 2009세계여자컬링선수권대회(WWCC2009)에서 우리나라 여자대표팀(감독: 정영섭, 코치: 최민석, 선수: 이현정,김미연,김지선,신미성,이슬비)이 10위를 차지
2009. 3. 20~29	강릉빙상장에서 2009강릉세계여자컬링선수권대회개최 세계연맹회장단참석하에 대 성공적 대회개최 우승: 중국, 준우승: 스웨덴, 3위: 덴마크 한국 3승8패로 10위 달성
2009. 4. 24~28	전주화산빙상장에서 2009한국컬링선수권대회개최 우승팀 남자: 경북체육회, 여자: 전주대학교팀 준우승 남자: 경기도컬링연맹팀, 여자: 성신여자대학교팀
2009. 4. 29~5. 2	전주화산빙상장에서 2009한국주니어컬링선수권대회개최 우승 남자: 의정부고등학교팀, 여자: 경북컬링팀 준우승 남자: 부산대저컬링팀, 여자: 성신여자대학교팀.
2009. 8. 22~29	뉴질랜드 WINTER GAMES에 우리컬링 국가대표팀이 참가하여 여자대표팀(감독: 강양원)은 동메달 획득, 남자대표팀(감독: 김경두)은 4위의 좋은 성적 달성

2) 역대회장

대 순	성 명	재임 기간
1대	공천섭	1994. 1.25 ~ 1997. 1.31
2대	공천섭	1997. 2. 1 ~ 2001. 1.31
3대	공천섭	2001. 2. 1 ~ 2002.10.15
4대	김병래	2002.10.16 ~ 2005.1.30
5대	김병래	2005. 1.31 ~ 2009. 1.21
6대	김병래	2009. 1.22 ~ 2013. 1.25
7대	김재원	2013. 1.25 ~ 2016. 9. 2
8대	장문익	2016. 9. 3 ~ 2017. 8.28

3) 대한컬링경기연맹 조직도

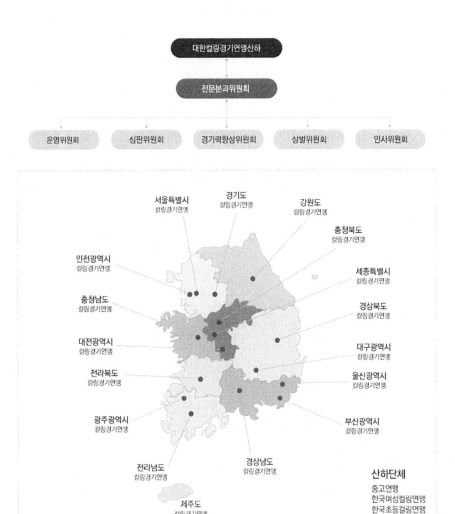

제2장
장비

1. 경기장

컬링은 빙판이 있는 곳이면 어디에서나 가능하기 때문에 실내뿐만 아니라 실외에서도 경기가 가능하다. 최근에는 현대화된 전문 장비들이 개발되어 주로 전용 컬링경기장에서 경기를 한다. 전용경기장이 없거나 큰 대회를 위해 많은 관중석이 필요할 때는 아이스하키(Ice Hockey Rink)경기장과 같은 실내 링크장위에 컬링경기장의 시트를 설치하고 경기장으로 사용하거나 빙상장이 아니더라도 컬링경기장의 크기를 넘는 실내체육관과 같은 강당, 농구장 같은 시설에 냉동장치를 설치하여 빙판을 설치하고 그 위에 컬링장을 만들기도 한다. 컬링전용경기장은 훈련용으로는 시트가 한 면만 있어도 가능하지만 보통 4-5면을 보유한 곳이 일반적이며 대형 경기장은 20면 이상 보유한 컬링경기장도 있다. 컬링경기를 진행하는 한 경기장을 시트라고 말하며 그 시트의 길이는 45.720m(150ft), 폭은 5m(16ft 5in)이다. 하우스는 1.829m(6ft)떨어진 곳에 지름이 3.66m(12ft)인 하우스를 그린다. 국내에는 두 곳의 컬링 경기장이 있는 데 한곳은 국가대표선수 훈련장소인 태릉선수촌 컬링경기장으로 2면의 시트가 있다. 또 한곳은 경상북도 의성에 위치한 의성컬링클럽으로 네 면의 시트를 운영하고 있으며 컬링전용경기장이다.

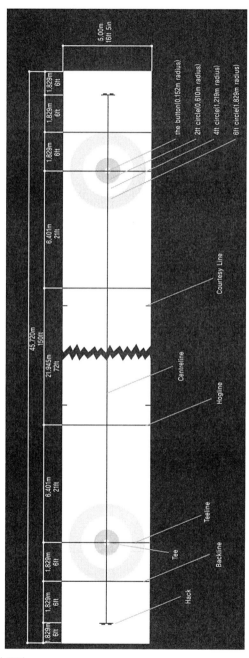

그림 1. 경기장 규격

그림 2-1. 태릉컬링 경기장

그림 2-2. 의성컬링경기장

2. 장비

1) 신발

　컬링화는 일반인용에서부터 상급자용에 이르기 까지 매우 다양하여 초보자들은 처음부터 컬링화를 구입하기 보다는 볼링화를 대여하듯이 컬링경기장에 비치 되어있는 슬라이더를 빌려 사용하다 자신에게 맞는 컬링화를 구입하면 된다.　투구할 때는 스톤을 밀어야 하기 때문에 신발에 잘 미끄러지는 장치를 하는데 슬라이더(Slider)라고 부르는 프라스틱 재질로 되어있는 판을 신발 바닥에 덧대어 만들어진 것을 착용함으로서 빙판에 잘 미끄러져 나아갈 수 있도록 한다. 슬라이더(Slider)는 투구자를 위한 장비로 딜리버리를 할 때만 필요하기 때문에 스위퍼 또는 스킵의 역할을 할 때는 슬라이더위에 고무 재질로 되어있는 그리퍼(Gripper)를 착용한다.

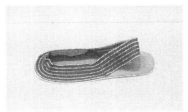 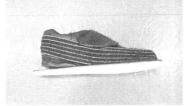

그림 3. 초보자용 슬라이더

컬링전용 신발은 구두와 운동화 두 가지 종류로 되어있으며 선택은 편한 것으로 하면 된다. 선수들의 경우 가죽구두로 되어있는 컬링화를 많이 선호하는 편이다. 일반인은 슬라이더를 착용하고 투구를 하고 스위퍼 또는 스킵의 역할을 할때는 슬라이더를 벗고 이동하게 되는데 선수화는 슬라이더와 반대로 신발에 슬라이더가 장착이 되어 있어 투구 할 때는 고무재질의 그리퍼(Gripper)를 벗고 슬라이더가 부착된 면을 사용하고 투구자 역할이 끝나면 고무 덧신을 착용하여 미끌림을 방지한다.

그림 4. 전문선수화

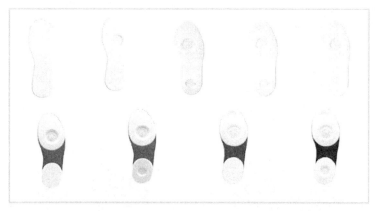

그림 5. 여러 형태의 슬라이더

그림 6. 국내 생산 고급컬링화

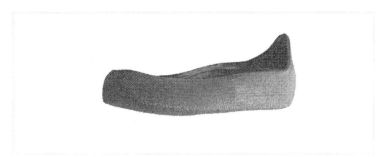

그림 7. 고무덧신

　　많은 메달리스트가 사용하는 Balance Plus는 2006년 개최 되었던 이탈리아 토리노 동계올림픽에 참가했던 선수들 중에서 남자 68%·여자65%가 사용되었다고 한다. 여자 금메달리스트는 100%(전원) 슈즈와 브러쉬를 사용하였다. 200시리즈부터 Balance Plus슈즈는 특징인 슬라이더(구두창)에 홀이 있다. 이 홀은, 더 한층 밸런스를 잡힌 딜리버리와 슬라이딩 거리가 길어지도록 고안되었다고 한다. 이 밖에도 Olson, Ashanm 브랜드 등의 슈즈가 있다. 신발의 규격은 남성용은 7~11까지가 일반적인 사이즈이고 13~14 사이즈의 큰 규격도 있다. 여성용은 5~10까지 중간 사이즈가 있는데 주니어는 여성용으로 대용하면 된다.

남성용 신발 사이즈

한국	24.0	24.5	25.0	25.5	26.0	26.5	27.0	27.5	28.0	28.5	29.0	30.0	31.0
북미	6	6.5	7	7.5	8	8.5	9	9.5	10	10.5	11	12	13

여성용 신발 사이즈

한국	21.0	21.5	22.0	22.5	23.0	23.5	24.0	24.5	25.0	25.5	26.0	26.5	27.0
북미		4	4.5	5	5.5	6	6.5	7	7.5	8	8.5	9	9.5

2) 브러시(bloom or brush)

초심자의 경우 클럽이나 경기장에 비치 되어있는 강습회용 브러시를 사용할 수 있지만 브러시 역시 개인장비이기 때문에 어느 정도 숙련되면 자신에 맞는 브러시를 구입하여 사용하게 된다. 브러시는 아직도 계속 진화하고 있는 장비로서 신형의 브러시가 나오면 경기력에 차이를 보이기 때문에 대부분 선수들은 신형 브러시로 교체하는 경우가 많다. 90년대에는 동물의 털로 만들어진 브러시가 주를 이루는 상황이었는데 나무막대에 헤드부분도 나무로 만들어져 있어 매우 무거워 스위퍼들의 체력소모가 많았다. 현재 많이 이용되는 브러시의 경우 막대는 유리섬유로 만들어져 가볍고 튼튼하며 헤드는 막대와 별도로 분리할 수 있어 보관이 편하며 빙판에 직접 닿는 부위만 교체해서 사용할 수 있는 제품을 많이 이용하는 편이다. Balance Plus 브러시의 경우 490g정도로 가벼워진 브러시를 판매하고 있다. 국내의 선수들의 경우도 대부분 Balance Plus의 Performance시리즈를 주로 사용하고 있으며 이 밖에도 Olson, Ashanm 브랜드의 브러시가 사용되고 있다.

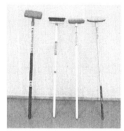  

그림 8. 여러 종류의 브러시   털브러시   헤드교체용 브러시

3) 스톤(Stone)

- 국제 규격의 스톤

컬링에 사용되는 스톤은 원형모양이어야 한다. 스톤 원둘레는 91.44cm(36in) 이하, 높이는 11.43cm 이상이어야 한다. 그리고 무게는 핸들과 볼트의 무게를 포함 하여 19.96(441b)를 넘지 않아야 한다. 컬링 돌 위와 아래에는, 컵이라고 부르는 움푹 페인 부분이 있다. 엣지(정확하게는 림)는 실제로 빙면에 접하는 부분으로 페블 위를 흐르듯이 지나가게 된다. 스톤은 마찰에 강하고, 튼튼하고, 또 탄력성이 있어야 하며 색은 균일하고 흡수성이 없는 것이 좋은 돌이다. 흡수성이 없다고 하는 조건은 수분이 돌에 스며들어 얼게 되면 체적 팽창에 의해 균열이 생길 수 있기 때문이다. 그리고 수분이 흡수된 표면이 빙면에서 떨어지지 않는 원인을 만들지 않기 위해 특히 중요하다. 영국산의 화강암은, 현재 어디의 물건보다 양질이고 대부분의 곳

에서 생산된 스톤이 사용되고 있다. 런닝 엣지(림)는, 돌의 다른 부분 만큼 연마 하지 않고 비교적 거친 편이다. 런닝 엣지를 거친 도구로 닦거나 매끈매끈하게 손상시켜서는 안 된다. 스톤은 통상 한 면을 약 2연간 사용할 수 있으며 핸들을 풀고 반대 측면으로 스톤의 핸들을 풀어 윗면과 밑면 사진 바꿔 붙이고, 또 사용할 수 있다. 돌의 양면이 닳아 버리면, 새로운 런닝 엣지가 되도록 다시 수리하지 않으면 안된 다. 올바른 손질을 하고 있다면 스톤은 20년 이상 사용할 수 있다. 엣지가 닳으면 마찰력이 적어지기 때문에 회전해 들어가지 않고 거의 직진 하게 된다. 스톤의 엣지가 얼음을 잡는 능력이 없어져 그 결과, 돌은 하우스에 닿았을 때 돌아들어 가는 컬의 폭도 적어져 불안정해 지고 스위핑 할 때도, 웨이트를 잡기 어려워진다. 따라서 연습이나 게임 중 스톤이 핵에 부딪히게 하거나 핵 위로 넘어가지 않도록 주의하여야 한다.

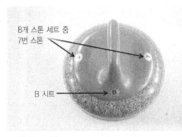

그림 9. 스톤

스톤의 옆면인 회색의 띠는, 돌이 부딪치는 부분이다. 돌과 돌이 부딪칠 때의 쇼크를 흡수하도록 되어있습니다. 경기를 진행하고 있을 경우와 특별한 경우를 제외하고 스톤이 큰 힘으로 서로 부딪히지 않도록 하는 것도 스톤이 노후되지 않도록 하는 매우 중요한 사항이다. 스톤을 위에서 보면 세부분에 번호와 기호로 표시되어 있는 데 일반적으로 핸들이 스톤에 휘어져 만나는 부분에 알파벳으로 경기장 시트를 표시한다. 시트의 구분이 알파벳으로 구분되고 팀별 구분은 스톤의 색깔로 알 수 있는데 보통 환한 색과 어두운 색으로 나뉜다. 앞에서 설명한 시트의 구분 표시 옆으로 쪽에 숫자표시가 있는데 그 표시는 스톤의 번호이며 한 팀은 8개의 스톤을 사용함으로 1~8번의 숫자가 스톤에 마킹되어 있다.

4) 핵(Hack)

핵은 투구하기 위해서 꼭 필요한 장비로 시트양쪽에 하나씩 장치하여 둔다. 경기장에 장착하는 방법에 따라 완전 장착형, 탈 부착형이 있는데 태릉경기장의 경우 장착형이고 의성경기장에는 탈 부착형을 사용하고 있다. 강습회같이 여러 명이 연습할 때는, 탈 부착형 핵을 설치하는 경우가 있는데 핵을 원하는 자리에 놓고 물을 부어 얼리면 간편하게 장착된다. 오른발을 주로 쓰는 사람의 경우 오른발로 핵(Hack)을 차고 왼발로는 중심을 잡고 슬라이딩을 한다. 왼발을 주로 사용하는 사람의 경우 반대로 왼발로 핵(Hack)을 차고 오른발로 중심을 잡고 슬라이딩 한다.

그림 10-1. 핵 위에서 찍은 사진   그림 10-2. 핵 뒤에서 찍은 사진

5) 운동복

 유니폼에 관한 규정은 없으나 시합이나 공식 연습을 할때는 팀 멤버는 모두 같은 유니폼과 올바른 신발을 착용하여야 한다. 밝은 색 핸들의 스톤을 이용할 때는 밝은 색 셔츠나 상의를 착용하여야 하고 어두운 색 핸들의 스톤을 이용하는 경우는 어두운 색 셔츠나 상의를 착용하여야 한다. 일반적으로 '빨강'은 어두운 색 '노랑'은 밝은 색으로 간주한다.

11-1 캐나다 국가대표 컬링복

맞춤 전문 컬링복

최근 국가대표의 선전으로 인해 국민적 큰 관심을 받고 있으며 이러한 관심은 컬링 인구 증가로 나타나고 있으며 이러한 시점에 저렴하면서도 고품질의 컬링용품을 공급자에게 제공함으로써 컬링 인구를 늘리는데 좋은 기회가 될 수 있는 맞춤형 컬링복이 생산되고 있어 관심을 모으고 있는 실정이다. 특히 저렴하게 생산된 컬링복은 어린 선수들이 국가대표 급 훈련복을 착용해 볼 수 있어 경기력향상에도 도움을 줄 수 있을 것으로 기대한다.

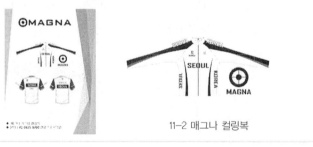

11-2 매그나 컬링복

제3장
컬링운동의 기본

1. 점수법

1) 엔드(End)의 개념

엔드(End)는 테니스에서의 세트와 비슷한 개념으로 볼 수 있지만 컬링에서는 테니스에서 서브와 같은 공격권을 서로 번갈아 하는 것이 아니고 엔드(End)에서 득점한 한 팀이 불리한 조건인 선공으로 시작한다. 컬링에서 득점판을 보면 야구에서 회라고 말하는 것 같이 엔드라(End)고 부른다. 야구에서는 9회까지 각 팀이 공격과 수비를 번갈아 하지만 컬링에서는 한 엔드에서 두 팀이 서로 번갈아 가며 투구하기 때문에 각 팀의 스톤 8개 모두 16개의 스톤을 투구하면 한 엔드가(End)끝나게 된다. 한쪽에 있던 스톤이 반대편으로 모두 투구되면 다음 엔드(End)는 반대편에서 다시 시작하게 된다.

세계 선수권대회와 동계전국체전과 같은 정규대회에서는 10End 경기가 일반 적이며 친선경기와 같은 소규모 대회에서는 8End경기를 하는 경우도 있다. 팀의 구성원은 4명으로 한명의 선수가 2개의 스톤을 순서대로 상대팀과 한 개씩 번갈아 가며 투구한다. 한 팀은 8개의 스톤을 사용하고 양 팀 스톤을 포함하면 모두 16개의 스톤으로 경기를 진행한다. 8명의 선수가 모두 투구를 하면 1End가 끝나게 되고 반대편 하우스로 선수들이 이동해서 옮겨진 스톤을 가지고 다음 엔드 경기를 진행한다. 한End에는 약 20분정도 시간이 소요되며 10End 한경기를 마치려면 약 2시간~2시간30분정도 시간이 소요된다. 컬링선수들이 박진감 넘치게 걷거나 뛰는 운동을 하는 것은 아니지만 경기시간과 운동량으로 계산해본다면 리드와 세컨의 경우 한 엔드(End)에 시트의 50m구간을 총 8회(자신이 투구한 거리를 포함하여) 300m~400m이고 10엔드(End) 경기를 걸어야할 거리는 3km~4km에 이른다. 스위퍼들은 그 거리를 스위핑도 하면서 왕복해야 하기 때문에 평소 근지구력과 근력을 향상시켜 스킵이 요구하는 지점까지 스톤이 도달할 수 있도록 체력단련을 충분히 하여야 한다.

세계선수권 대회에서는 각 팀에게 한 경기에서 75분의 시간이 주어진다.

2) 점수판(Scoreboard)

스코어보드(Scoreboard)는 경기장 뒤쪽에 설치한다. 스코어보드는 2가지 종류로 구분을 할 수 있다. 공통적으로 두 개의 스코어보드의 색깔은 팀의 핸들 색깔을 의미한다. A타입은 엔드를 기준으로 점수를 팀별로 표시하게 되고, B타 입은 점수를 얻은 엔드를 팀별로 표시하게 되어 있다. 공식경기에서는 A타입의 스코어보드를 많이 사용하고, 일반 컬링 클럽에서는 B타입의 스코어보드를 많이 사용한다.(우리나라는 B타입의 스코어보드를 주로 사용한다.)

SCORE	1	2	3	4	5	6	7	8	9	10	11	12	13	14

그림12-1. A타입 스코어보드

TEAM	1	2	3	4	5	6	7	8	9	10	11	12	TOTAL

그림 12-2. B타입 스코어보드

3) 하우스 점수 계산법

스톤은 한 엔드(End)에 양 팀 모두 16개의 스톤을 투구하고 나면 하우스의 가장 안쪽에 있는 스톤의 수로 점수를 계산한다. 초보자들이 점수 계산하면서 실수하는 부분이 상대편의 스톤이 하우스에 걸쳐있는 것도 점수로 생각하는 것인데 득점한 팀의 점수만 계산하고 상대편의 스톤이 하우스 안에 많이 있더라도 0점이 된다. 따라서 한 팀이 투구하는 스톤은 8개로 한 엔드(END)에서 최대 득점할 수 있는 점수도 8점이 될 수 있다. 하지만 서로 번갈아 가며 투구하는 컬링 경기에서 한 엔드(End)에서 8점을 득점하기란 매우 힘든 일이다. 승리하기 위해서는 두 팀 모두 하우스 안에 많은 스톤을 넣는 것도 중요하지만 가장 안쪽의 스톤을 지켜내는 것도 중요하다. 득점하는 방법과 수비하는 방법 그리고 점수를 지키는 방법 등은 다음에 거론할 제6장 경기전략에서 더 자세하게 알아보기로 하자.

컬링의 득점은 하우스의 중심에 어느 쪽 팀의 스톤이 가장 가까운가로 그 엔드의 승패가 정해진다. 하우스 안에 가장 가운데 들어간 스톤(①번 스톤)이 머물러 있는 팀이 그 엔드에 승리 팀이다. 승리 팀이 결정되면 득점한 점수를 계산하면 되는데 ①번 스톤 다음으로 하우스 중심에 가장 가까이 접근해 있는 스톤이 ②번 스톤인데 이긴 팀의 스톤일 경우 2점 득점이 될 수 있는 것이고 ②번 스톤이 상대방의 스톤일 경우 1점만 득점하게 되는 것이다. 하우스 안에 아무리 많은 스톤이 있다고 하더라도 득점한 팀의 점수는 8점까지이고 상대방 팀의 점수는 0점이 되는 것이다. 아래의 그림 설명을 참고하면 더욱 쉽게 이해할 수 있다.

그림 13.

4) 측정도구

동심원으로 그어진 선으로 스톤이 서로 멀리 떨어져 있을 경우 어떤 스톤이 중심에 더 가까운지 또는 득점으로 인정 받는 하우스 안쪽에 스톤이 들어온 것인지 유관으로 확인하기 힘든 경우 16개 스톤이 모두 투구된 이후인 해당 엔드(End)가 끝난 후 심판에게 도움을 받아 메이저(Measure)로 측정하게 된다.

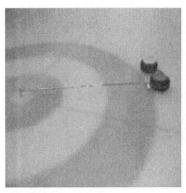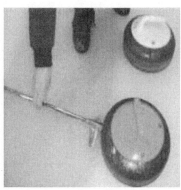

그림 14. 득점 스톤 측정

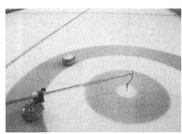

그림 15. 동심원에 더 가까운 스톤 측정

2. 선수의 구성

한 팀의 선수는 모두 5명으로 후보 선수 1명을 제외하고 경기에 직접 참여하는 선수는 리드, 세컨, 써드, 스킵이라고 불리는 4명의 선수이다. 4명의 선수는 각자 2개의 스톤을 투구할 수 있고 상대편 선수와 번갈아 가며 한 팀에 8개의 스톤 두 팀 모두 합쳐 16개의 스톤이 투구되면 한 엔드(End)가 끝나게 된다. 새로운 엔드(End)를 시작할 때는 직전 엔드(End)에서 득점한 팀이 먼저 투구를 하고 반대로 상대방이 득점하게 된 경우에는 자신의 팀이 나중에 투구한다. 만약 서로가 득점하지 못한 경우에는 바로 전에 끝난 0:0엔드(End)에서 시작했던 순서대로 다시 투구하게 된다. 일반적으로 스톤에는 번호가 있어 그 번호의 던지는 차례대로 던지게 되지만 팀내 선수들이 필요에 따라 번호를 바꾸어 스톤을 사용하여도 괜찮다. 꼭 번호대로 던지지 않아도 상관없지만 리드, 세컨, 써드, 스킵의 순서는 지켜야 한다. 투구 순서와 선수의 역할을 살펴보면 우선 리드가2개의 돌을, 상대 팀의 리드와 교대로 하나씩 던지고 리드가 던질 때는, 세컨와 써드가 스위핑을 한다. 똑같이 세컨이 던질 때는 리드·써드가 스위핑, 써드가 던질 때는 리드·세컨이 스위핑을 한다. 스킵의 경우 하우스에서 지시를 하고 리드와 세컨는 스위핑을 하지 않는다.

그렇기 때문에 스킵자신의 스톤을 투구하는 속도는 스위퍼들에게 투구하기 전 충분히 상의하고 어느 정도의 속도로 투구할 지를 결정한다. 리드와 세컨은 투구와 스위핑 두 가지 역할을 하여야 하는데 스위퍼로서의 역할 역시 매우중요하다. 그렇기 때문에 스톤의 흐름과 빙판의 변화를 잘 읽어 후반 써드와 스킵이 투구하는 스톤이 좀더 정확히 성공할 수 있도록 집중하고 작전에는 관여하지 않는다. 이들은 작전결정에는 거의 관여하지 않기 때문에 의견이 있을 때는 써드에게 알려주고 써드는 리드와 세컨의 의견을 스킵과 의논하여 작전에 관한 의견을 조율할 수 있도록 한다. 써드는 스킵과 스위퍼 중간에서 스위퍼 쪽의 상황을 스킵에게 정확히 전달하고 스킵이 정한 작전을 리드와 세컨에게 잘 전달하여 샷이 성공 할 수 있도록 조율할 수 있어야 한다. 써드는 스위핑, 투구, 스킵역할 까지 3가지 역할을 모두 해내야만 하는 포지션으로 그야 말로 멀티 플레이어가 되어야 하는 선수이다.

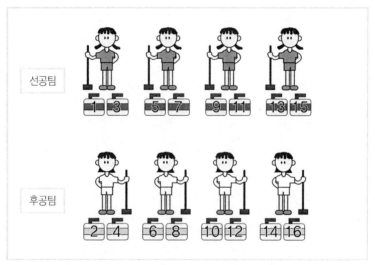

그림.16 진한색 팀이 먼저 투구하는 경우 투구순서와 스위퍼 역할

스톤	투구선수	스위퍼	스킵
1,2번	리드(lead)	세컨(second)과 서드(third)	스킵(skip)
3,4번	세컨(second)	리드(lead)와 서드(third)	스킵(skip)
5,6번	서드(third)	리드(lead)와 세컨(second)	스킵(skip)
7,8번	스킵(skip)	리드(lead)와 세컨(third)	서드(third)

1) 리드(Lead)

컬링은 장기나 바둑을 두듯이 번갈아 가며 스톤을 하우스로 보내게 된다. 이때 리드(Lead)는 팀의 스톤 1,2번을 투구하기 때문에 경기를 풀어가는 기본바탕을 만들어 주는 임무가 있다. 따라서 앞쪽에 놓을 것인지 하우스 안쪽에 넣을 것인지 아니면 상대방이 하우스 안쪽에 놓아둔 스톤을 쳐낼 것인지 스킵이 지시하는 목표에 놓을 수 있을 정도의 실력을 가지고 있어야 한다. 리드(Lead)의 경우 상대방의 스톤을 쳐내기 보다는 가드나 드로우를 할 경우가 많기 때문에 특히 가드를 성공시킬 수 있도록 평소에 연습을 충분히 하여야 한다. 리드의 또 다른 임무는 두 개의 스톤을 모두 투구한 후부터 세컨, 써드, 스킵의 6개 스톤이 팀이 원하는 위치에 잘 갈 수 있도록 도와주는 스위퍼의 임무를 수행하는 것이다. 자신의 투구가 끝나고 나면 다음 선수 세 명의 샷을 모두 스위핑 하여야 하기 때문에 뛰어난 근지구력이 필요하다. 중간에 쉬는 시간 없이 계속해서 6개의 스톤을 스위핑 하여야 하는 역할을 맡고 있어 근지구력이 우수한 선수가 리드(Lead)를 하는 것이 좋다. 훈련할 때 체력을 충분히 키워 최선을 다해 스위핑 할 수 있는 체력과 근력을 향상시켜 경기 중 지치지 않고 스톤이 원하는 위치까지 갈 수 있도록 하여야 한다. 기타 다른 임무를 살펴보면 리드는 시합 전 팀원 모두 워밍업을 할 수 있도록 준비하고 시합 중 경기결과인 점수가 정확히 기재되고 있는지 확인하는 것도 좋고, 우리 팀의 선수 상태와 상대편의 상태 작전 등을 잘 정리하여 필요하면 하프타임 때 의논하도록 한다. 경기 중 팀의 분위기가 가라앉고 지쳐있을 경우 격려해 주거나 좋았다고 칭찬해주는 분위기 메이커 역할을 할 때도 있다.

컬링에서 1엔드(End)는 매우 중요해서 득점은 그 경기를 어떻게 풀어갈지를 결정하는 중요한 엔드(End)이기 때문에 리드는 프리가드 존의 웨이트에 투구할 수 있는 느낌을 빨리 잡을 수 있어야 한다. 따라서 평소에도 연습할 때 워밍업이 끝나면 하우스 앞 10cm에 돌을 멈추는 연습을 한다.

아이스 리딩

아이스 리딩 팀의 스톤 8개 모두 똑같은 성격을 가지고 있지 않기 때문에 스톤에 따라 컬하는 스톤과 그렇지 않은 스톤 마지막에 딱 멈추는 스톤 등 성격을 잘 파악하여야 한다. 그리고 경기하는 시트의 성격이 어느 쪽으로 스톤이 잘 흘러가는지 그렇지 않은지 특히 1end의 경우 던질 때마다 웨이트가 다르다고 생각하여야 하기 때문에 한 번도 다니지 않은 라인은 미끄러지지 않고 2~3번째 이후부터는 날카로운 페블이 조금 부드러워져 좀 더 잘 미끄러지기 때문에「이 라인은 조금 전 사용했다」,「여기는 첫 라인」,「이 라인만 사용하고 있다」등을 체크해 두는 것도 리드의 역할이다.

2) 세컨(second)

세컨의 샷은 리드의 샷이 모두 끝나고 프리가드 존에 있는 스톤도 쳐낼 수 있는 상황이 된다. 따라서 세컨은 테이크 아웃이 자신 있고, 필요한 힘의 웨이트로 던질 수 있어야 한다. 더블 테이크 아웃이나 히트 앤드 롤의 경우 샷의 정확함이 필요하기 때문에 평소 많은 연습을 통해 성공률을 높일 수 있어야 한다. 또한 리드와 같이 스위퍼로서 힘과 지구력을 겸비하고 있어야 한다. 스톤에 쓰레기가 묻어 버리는 것은, 스위퍼의 책임이다. 제대로 클린을 하고 머리카락 같은 이물질로 인해 샷이 실패하는 일이 없도록 하여야 한다. 아이스의 속도에 대해서는 스톱워치로 재거나 눈으로 보고 아이스의 변화를 읽어 스킵에게 지금의 스톤이 어느 정도의 위치에 도달할 것 같은지 알려주어야 한다. 아이스의 변화(웨이트의 변화)는 하우스에서 보고 있는 스킵보다 스위퍼가 스톤을 따라가며 보기 때문에 잘 알 수 있다. 따라서 속도는 스위퍼가, 라인은 스킵이 파악하고 서로 이야기한다. 그외 리드와 함께 무드 메이커로서 팀을 북돋우는 중요한 역할이 있다. 건강하게 소리를 내 좋은 샷을 성공하였을 때는 모두 기쁨을 미스 샷을 한 사람에게 '힘내자!' 등 밝게 격려를 리드와 함께 해준다.

3) 써드(third)

보통 바이스스킵(스킵이 샷을 할 때 스킵의 역할을 대신하는 역할)의 역할을 하고 스킵의 서포트 역할을 한다. 그리고 프론트엔드와 스킵의 파이프역이 된다. 스킵이 어떻게 할까 고민하고 있을 때에 스킵과 함께 작전을 고민하고 곧바로 정해지지 않으면 스킵의 의견을 존중해 준다. 스킵이 샷을 할 때는 시합 중에 프론트엔드에서 얻은 웨이트와 아이스정보를 스킵에게 전달해 준다. 또한 스킵의 작전을 제대로 파악하고 있지 않으면 그 샷은 완벽하게 성공할 수 없다. 스위핑 도중 작전을 이해하고 있으면 만약 미스 샷을 하더라도 B플랜·C플랜으로 즉석에서 대응할 수 있어야 한다. 기타 스킵의 다른 임무로는 시합 전 어떤 스톤을 사용할 것인지 아니면 먼저 연습을 할 것인지를 정하는 코인토스를 하는 팀 외부에서 일어나는 일들의 주장역할을 한다. 경기 중에는 엔드(End)가 끝나고 득점여부와 점수를 상대 팀의 써드와 확인하고 심판에게 알려준다.

4) 스킵(skip)

스킵은 작전을 세우고 경기를 운영하는 팀 내 리더적 존재이고 아이스 상태를 재빨리 읽어 원하는 위치에 어떻게 샷을 할 것인지 결정하는 결정권자이다. 그러나 아무리 스킵이라도 스톤의 속도에 대한 결정은 스위퍼에게 맡기고 스톤이 정확한 라인으로 잘 오고 있는지를 보는 역할에 충실하도록 한다. 스킵은 1개의 작전만을 생각하는 것이 아니라 미스 샷을 할 때 민첩한 작전의 변화와 생각의 유연성이 필요하다. 스킵은 언제 어떤 때라도 4풋내에 드로우 할 수 있는 능력을 가지고 있어야 하며 작전지시는 「재빠르게, 세세하고, 분명히」하여야 하며 스킵이 능력을 낮추어에 지시하면 던지는 선수도 불안하게 느끼기 때문에 스킵의 생각을 명확히 설명하여야 한다. 또한 티라인보다 뒤에 상대 돌이 위치하는 경우 재빠르게 브러시를 움직여 동심원 중앙으로부터 보다 멀리 하우스 밖으로 나갈 수 있도록 스위핑 한다. 이 밖에 하우스에서 지시를 하다 뒤로 물러나 핵으로 돌아올 때에 하우스에 이물질이 떨어지지 않았는지 보면서 돌아온다.

"작전을 생각하는 것은 누구?"라고 질문을 한다면 많은 사람은

'스킵'이라고 대답하겠지만 작전을 세워 지시를 하는 것은 스킵이어도 작전을 생각하는 것은 게임을 플레이 하고 있는 전원이다. 만약 스킵을 해본 적 없고 현재 "리드(세컨)이니까 작전은 잘 모른다"라고 생각하는 사람이 있다면 스킵의 지시를 재빠르게 이해할 수 없거나 의사소통을 부드럽게 할 수 없게 된다. 하우스에 서있지 않다고 작전·아이스를 모르는 것은 문제이다. 작전을 이해하지 않는 채, '여기에 던지라고 지시받았기 때문에'라고 생각하고 있다고 하면 컬링이 시시한 경기가 되어 버린다. 반드시 아이스의 버릇을 찾아내거나 작전을 생각하고 있는 편이 단연 즐겁지 않을까? 역시 팀 전원이 작전을 생각, 이해하고 있지 않으면 완벽한 경기는 할 수 없다. 작전을 알 수 있고 있으면 던지는 사람도 '여기서 약하게(강하게) 던지는 것은 최악' '와이드보다 나로우' 등 절대로 해선 안 되는 미스 등도 알게 될 것이다. 스위퍼도, 작전을 알고 있으면 투구 후의 B플랜에도 즉석에서 대응할 수 있다.

신뢰 관계

컬링경기에서 마지막 샷은 그 엔드를 마무리하는 매우 중요한 샷이다. 그렇기 때문에 일반적으로 투구능력이 우수한 순서대로 스킵, 써드, 세컨, 리드가 된다. 특히, 컬링을 시작한지 얼마 안 된 팀 일수록 샷의 능력만으로 포지션을 정하는 경우가 많은데 분명히 완전한 초심자와 경험자가 함께 컬링을 즐길 때는 샷의 능력으로만 포지션을 정할 수 있지만 샷의 능숙 서투름이 포지션을 정하는 척도가 되어서는 안된다. 예를 들면 스킵이 아무리 좋은 샷을 할 수 있는 능력이 있다고 할지라도 훌륭한 샷 일수록 라인 콜을 한 바이스킵이나 웨이트를 제대로 본 스위퍼와 함께 팀 전원이 스킵의 샷을 완성시키기 때문에 팀 내 신뢰도는 매우 중요하다. 따라서 스킵 샷의 성공률이 조금 낮더라도 서로가 서로를 믿게 되면 성공률을 높일 수 있고 팀을 승리로 이끌 수 있게 되는 것이다. 스킵의 샷 성공률도 중요하지만 정확한 지시를 내리고 실수를 두려워하지 않고 팀이 하나되는 신뢰관계를 형성할 수 있도록 만드는 것이 더 중요하다. 팀 연습이나 경기에서 팀원들은 모든 포지션을 경험하고 어느 포지션에서도 맡은바 임무를 수행할 수 있는 능력을 갖춘 팀이야 말로 강한 팀이라 할 수 있다. 따라서 팀의 선수들은 누구나 스킵과 같이 작전을 세울 수 있어야 하고 아이스와 스톤의 세기를 읽을 수 있는 능력을 갖추고 있어야 한다.

3. 얼음판

1) 페블(pebble)

스톤이 빙판 위를 지나가는 것을 보면 마치 배가 물위를 흘러가는 것처럼 스톤이 빙판 위에 떠가는 것 같은 자연스런 모습을 볼 수 있는데 그러한 현상은 미리 빙판에 뿌려둔 물방울(pebble)이 있기 때문에 스톤바닥과 빙판이 일부분만 접촉하게 되고 일부분만 접촉된 바닥위에 스톤은 마찰력이 줄어들어 잘 미끄러져 가는 것이다. 비포장도로 위에서 차가 급정거를 하게 되면 지면과 타이어 사이에 작은 돌가루들 때문에 회전하고 미끄러지는 것과 비슷한 이치이다.

그림에서 보면 알 수 있는 것처럼 빙판위에 뿌려져있는 물방울(pebble)이 얼어 비포장도로의 돌가루들과 같이 빙판과 스톤사이를 떨어뜨리고 스톤은 빙판위에 떠서 흘러가는 것 처럼 보이게 되는 것이다. 빙판을 정빙하는 이유는 이전에 뿌려져 있던 페블(pebble)이 달아 마찰이 커져 속도가 많이 떨어지기 때문에 제 역할을 하지 못하는 페블(pebble)은 깎아내고 새로운 페블(pebble)을 뿌려 스톤이 잘 미끄러져 나갈 수 있도록 하는 것이다. 다시 말해 정빙은 빙판을 평평하게 만들고 페블(pebble)을 뿌려 경기할 수 있는 경기장으로 초기화 하는 작업이다. 그렇기 때문에 정빙작업은 시합이나 연습을 시작하기 전에 한다.

시트 위를 스톤이 왕복하거나 스위핑에 의해서 페블(pebble)이 매끈하게 되면 다음과 같은 일이 일어난다. 페블(pebble)이 깎이는 것에 따라 엣지는 아이스의 면에 더 많이 접촉한다. 엣지가, 빙면에 많이 접하고 있는 만큼 아이스를 잡기 쉬워진다. 정빙을 마치고 난 후의 페블(pebble)은 이렇게(∩∩∩) 거친 형태로 빙판위에 뿌려져 있게 되는데 2엔드(End) 쯤 되면 몇 번 스톤이 몇 번 지나간 자리에는 이렇게(???) 페블이(pebble) 깎여 스톤의 속도도 빨라지고 잘 흘러가 빙판위를 떠가는 것 같이 보이게 된다. 페블(pebble)이 없으면 마찰력이 너무 커져 스톤을 제대로 하우스에 흘러가도록 던지는 것을 할 수 없을 것이다. 페블(pebble)에 의해 스톤의 컵(바닥의 움푹한 곳)은 빙판으로부터 들어 올려져 엣지(미끄러짐면)의 일부분만큼이 얼음에 접해 얼음과 돌의 마찰을 줄여준다. 그러나 페블(pebble)이 너무 많으면 돌의 속도를 떨어뜨린다. 그것은 런닝 엣지의 얼음에 접하고 있는 부분이 많아져 페블(pebble)을 부수면서 돌이 나가지 않으면 안 되기 때문에 마찰이 증가하고 스톤의 속도는 느려지게 된다. 페블(pebble)이 돌의 움직임이나, 스위핑에 의해 각진 부분이 점차 줄어들어 평평하게 되면 얼음은 보다 미끄러지기 쉬워진다.

그림17. 얼음 표면 상태

2) 정빙

빙판의 수평이 잘 잡혀있다고 하더라도 계속해서 경기를 진행하다보면 스톤이 자주 지나가는 빙판에 길이 생긴다. 시합상황에 따라 한쪽면만 계속해서 스톤이 지나가고 그 자리는 스톤이 지나간 만큼 페블이 달아 스톤이 많이 지나간 면과는 그렇지 않은 면에는 스톤의 속도가 달라진다. 그래서 경기가 끝나면 매번 정빙기로 빙판위의 물방울을 모두 깎는 초기화 작업이 필요하다.

정교하게 평탄작업을 한다 해도 계속해서 정빙을 하게 되면 아무래도 한쪽으로 쏠리는 현상이 발생하기도하고 정빙기가 지나간 자리 양쪽 끝은 작은 줄이 생겨 경기에 영향을 미치기도 한다. 그래서 빙판을 만들고 정빙하는 사람은 오랜 경험으로 경기장의 얼음을 얼리고 매 경기마다 게임을 시작하기 앞서 경기에서 사용했던 빙판을 초기화시키는 작업을 하게 된다.

그림 18-1. 얼음 표면 평탄작업

그림 18-2. 페블(pebble) 만들기

4. 선후공의 결정

대회에서는 공식연습 종료시에 Last Stone Drow(LSD)가 행해진다. 한 선수가 홈앤드의 티를 향해 한 개의 스톤을 딜리버리 하게 되며 스위핑이 허용된다. 하우스 안에 멈춘 스톤을 심판이 측정하고 하우스에 미치지 못한 스톤들은 158.4cm(6ft. 1in)로 기록되며 측정이 어려울 정도로 티에 너무 더 적은 LSD를 기록한 팀이 첫 앤드에서 첫 번째 또는 두 번째 스톤을 결정하게 된다. 만약 어느 팀도 하우스 내에 도달치 못했거나 기록이 같을 경우엔 동전 던지기로 첫 앤드 스톤 결정권을 갖게 한다.

5. 프리 가드 존(Free guard zone)

플레잉 엔드쪽 하우스 바깥 티 라인과 호그 라인 사이에 위치하게 된 스톤은 FGZ(Free Guard Zone)이라고 불리는 공간에 있는 것으로 간주된다. 그 공간에 있는 스톤은 인플레이 상태이며 호그 라인에 걸쳐있거나 안에 있는 스톤과 충돌된 후 FGZ 안에 있게 된 스톤은 FGZ에 있는 것으로 간주된다. 만일 한 엔드의 다섯 번째 스톤이 투구되기 전에, 직접적이건 간접적이건 딜리버리된 스톤으로 인해 상대의 스톤이 FGZ 안에서 바깥으로 움직여졌다면 투구된 스톤은 투구자에 의해 제거되어지며 움직여진 모든 스톤들은 상대팀에 의해 원래자리로 돌려놓게 된다.

프리 가드 존 룰은 컬링경기의 특성이 마지막에 투구하는 스톤에 의해 승패가 결정적으로 작용하기 때문에 경기 능력 보다 마지막에 투구하는 팀이 승리할 수 있는 확률이 높아 재미없는 경기가 되는 것을 예방하기위해 생긴 룰이다.

마치 축구에서 득점을 하기 위해 상대선수가 골대에 미리 가 있게 되면 쉽게 득점할 수 있어 업싸이드 반칙을 만든 것과 비슷한 규칙이라고 이해하면 된다.

결론적으로 리드의 스톤이 프리 가든 존에 위치에 있을 때는 우선 서로 쳐내지 말고 경기를 하는 것이 더욱 재미있는 컬링경기가 되는 것에서 유래된 규칙이다.

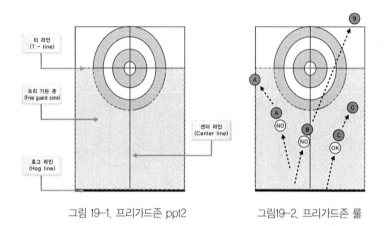

그림 19-1. 프리가드존 ppt2　　　　　　그림19-2. 프리가드존 룰

(A)의 경우
검정 스톤은 원래 자리로 돌려놓고 흰색스톤은 밖으로 뺀다.

(B)의 경우
검정 스톤은 원래 자리로 돌려놓고 흰색스톤은 밖으로 뺀다.

(C)의 경우
검정 스톤이 밖으로 나가지 않았기 때문에 모두 플레이 상태로 그냥 놔둔 상태로 경기를 진행한다.

6. 컬링선수의 매너

1) 상대 팀이 스톤을 던질 때

시트의 구석(기본적으로 호그라인 부근)이나 엔드라인 밖에서 조용히 대기한다. 함부로 움직이거나 하지 않는다. 상대편 선수의 스톤이 손에서 떨어지면 움직여도 괜찮다. 그렇다고 해서, 전혀 움직여선 안 되는 것이 아니고, 투구의 방해가 되지 않는 정도의 움직임은 괜찮다.

2) 아이스에 상처 내는 행동

시트의 아이스에 고의로 상처 내는 행동을 하여서는 안 된다. 물론, 이것은 어떤 스포츠라도 마찬가지다. 자주 있는 실수는 스톤을 투구한 후 손을 바닥에 대고 오랫동안 있는 행동을 하거나 드로우 같은 투구를 한 뒤 천천히 가는 스톤을 바라보고 오랜 시간 앉아 있는 행동을 하는 것이다. 얼음은 열에 약하기 때문에 녹아버린 자리는 다른 곳에 비해 더 평평해지고 스톤은 그런 자리를 지나갈 때 영향을 받을 수 있다.

3) 스톤을 건드리면

투구된 자신의 팀의 스톤을 건드리면 그 스톤은 실격(아웃)된다.

고의성이 없다고 하더라도 스위핑 하던 중 브러시나 발에 닿으면 상대 팀의 스킵과 서로 확인해 원래의 장소에 되돌린다.

4) 쓰레기(브러시 청소)

작은 쓰레기나 머리카락에서도, 던진 돌의 방향이 갑자기 바뀌거나 멈추어 버리거나 한다. 특히 털의 브러시를 사용하고 있는 경우, 털이 빠지지 않게 충분히 손질을 하고 브러시의 털이나 쓰레기가 떨어지고 있는데 깨달으면 신속하게 줍거나 경기장 밖으로 쓸어낸다. 초보자의 경우 스위핑을 하고 난 후 브러시를 경기장 안에서 터는 경우가 있을 수 있다. 브러시는 항상 경기장 밖으로 나와 정리하는 습관을 들이도록 한다.

5) 시간지체

정식 대회라면 시간제한이 있지만, 기본적으로 국내의 대회에서는 시간제한을 하는 경우가 드물다. 따라서 고의적인 시간지체는 상대편에게 매너 위반인 셈이다. 고민하는 시간은 적당히 하고 자신의 투구 차례가 되면 재빠르게 준비를 해서 지체시간이 오래가지 않도록 배려한다.

6) 경기장 정리

소규모 친선 대회나 연습 시합에서는 시합이 끝난 뒤 이긴 팀이 청소와 뒷정리를 한다.

제**4**장
투구와 스위핑

1. 투구

1) 셋업자세

　투구할 순서의 선수는 스톤을 가져와 딜리버리 하기 전에 핵을 밟고 서서 스킵이 지시하는 방향과 어깨선이 수직이 될 수 있도록 바라보고 선다. 오른손잡이 선수는 투구할 때 두 핵 중 왼쪽의 핵을 사용한다. 이때 중앙선 위에 있는 표적을 향해 딜리버리를 한다고 가정해보자. 중앙선을 따라 스톤을 던지기로 마음먹었다면 자리 잡은 상태에서 몸이 한 쪽으로 기울어지지 않도록 양 어깨는 나란히 하여 중앙선과 수직하게 허리는 꼿꼿이 펴 중앙선과 수평을 이룬 상태에서 다음 자세인 핵 포지션으로 들어간다. 만약 스톤을 투구할 표적의 위치가 중앙선 위가 아니라면, 표적과 자신이 투구할 스톤을 연결하는 가상의 선을 그린 다음 이 가상의 선(Target Line) 따라 딜리버리 할수 있도록 선수는 표적을 향해 몸을 살짝 비틀어 양 어깨가 가상의 선(Target Line)과 수직을 허리는 가상의 선과 수평을 이룬 상태가되도록 셋업자세를 취한다. 표적이 중앙선에 위치하고 있느냐에 관계없이 스톤을 던지는 방향과 선수의 몸이 일직선을 이룰 수 있어야한다. 표적이 중앙선에 위치하고 있느냐 마느냐에 관계없이 스톤을 던지는 방향과 선수의 몸이 일직선을 이룰 수 있어야 한다. 그래야만 스킵이 가리키는 방향으로 투구자가 슬라이딩을 할 수 있고 또한 목표하는 방향으로 나아갈 수 있게 된다. 셋업자세가 흐트러지거나 가상의 선(Target Line)과 어깨선이 수직이 되지 못하면 스킵이 원하는 방향으로 위에 갈 수 없다. 핵을 밟는 자세도 매우 중요한데 핵의 경사가 시작하는 부분의 발끝을 상태로 밀면 올바른 자세세이다. 너무 앞쪽을 밟게 되면 핵을 힘차게 찰 수 없어 빠르게 딜리버리 하기 힘들고 너무 위쪽을 밟아도 발끝으로만 핵을 찰 수밖에 없어 이번에도 힘차게 핵을 차고 나아갈 수 없는 상태가 된다.

그림 20-1. 셋업자세

그림 20-2. 핵 밟는 위치

2) 핵 포지션

핵 포지션이란 셋업자세가 끝난 후 스킵이 지시하는 방향(Target)으로 스톤을 잡고 딜리버리 하기위해 앉아 준비 하는 자세를 말한다. 이때 스킵은 투구자에게 원하는 위치에 도달 할 수 있도록 방향과 속도를 알려주고 투구자가 올바로 이해했는지 의사소통을 충분히 하여야 하는데 이때 미리 준비된 서로의 사인이나 표시를 이용하기도 한다. 이러한 표시는 시합 전에 서로 충분히 연습하여 경기장에서 실수 하지 않도록 준비한다. 스킵이 지시한 지점(Target)과 스톤을 연결한 가상의 선(Target Line)은 눈에 보이지 않기 때문에 실제 슬라이딩할 때에는 필요 이상으로 몸을 과도하게 비틀어 가상의 선과 수평을 이루지 못해, 결국 표적의 바깥쪽으로 스톤을 투구하는 경우가 흔히 발생한다. 초보자의 경우 표적이 중앙선에서 한참 떨어져있다고 생각하여 딜리버리를 할 때 표적을 향해 몸을 많이 비트는 경우가 있는데 실제로는 중앙선을 중심으로 아주 조금만 몸을 비틀어 딜리버리를 하더라도 스톤이 반대편 하우스에 가까워질수록 중앙선에서 멀어지기 때문에 자리 잡은 표적에 스톤을 잘 보낼 수 있다. 표적이 경기장의 좌우 끝에 위치해 있더라도, 투구하려는 스톤의 처음 위치는 특별한 변화 없이 중앙선 위에 자리 잡은 상태에서 시작할 정도로 몸의 방향 변화는 매우 작은 각도 내에서 이루어진다. 초보자의 경우 스킵이 지시하는 방향이 어느 쪽이든 실제 투구하는 방향은 매우 미세한 차이가 있지만 스킵이 지시하는 방향으로 투구하기 위해 너무 많이 방향을 틀 수 있다. 스킵은 투구자가 올바른 방향에 위치하고 있는지 한 번 더 확인하고 투구하는 방향이 바르지 않을 경우 몇 번이라도 올바른 방향으로 정확한 핵 포지션이 될 수 있도록 알려주어야 한다. 투구자는 핵 포지션에서 방향이 정확하지 않을 경우 다시 셋업자세로 돌아가 정확한 위치를 향하도록 자세를 가다듬고 핵 포지션으로 돌아온다.

그림 21-1. 핵포지션 전면

그림 21-2. 핵포지션 후면

3) 딜리버리

컬링경기는 바둑을 두는 것처럼 하우스안에 스톤을 놓는 경기이다. 원하는 자리에 스톤을 놓기 위해서 손으로 그냥 밀수도 있는데 손으로만 스톤을 밀 경우 속도와 방향이 일정하지 않기 때문에 딜리버리를 통해서 샷을 구사하는 것이다. 따라서 좋은 딜리버리는 스킵이 정해놓은 목표를 향해 원하는 위치에 투구하는 것이라 할 수 있다. 어느 정도 익숙해진 사람이라도 꾸준히 감각을 유지하지 않는다면 원하는 자리에 스톤을 보내기 힘들게 된다. 딜리버리는 속도와 방향 두 가지의 조합으로 이루어지는데 속도는 핵을 밟고 있는 오른발(오른발로 핵을 차는 사람의 경우)을 어느 정도의 세기로 미느냐에 따라 결정되고 방향은 핵을 어느 방향으로 밟고 서느냐에 따라 방향이 정해지는데 원하는 속도와 방향 두가지중 한 가지라도 실수를 한다면 원하는 위치에 도달하지 못하게 된다. 그러므로 두 가지 요소를 얼마나 잘 조정할 수 있는지가 투구 능력의 기준이라 할 수 있다.

① 왼발 스탠스

오른손잡이의 경우 왼발을 균형 잡는 발로 사용하고 오른발은 속도를 조절하는 발로 사용한다. 유연성이 우수한 사람의 경우 대퇴부가 오픈되면서 앞에서 볼 때 왼쪽 발목 안쪽이 넓게 보이게 된다. 이렇게 오픈 스탠스를 하는 사람의 경우 넓은 발바닥의 면으로 지지하여 균형을 잡기 쉽기 때문에 좀더 안정적이 투구를 할 수 있다. 또한 발목이 오픈되면서 무릎이 몸 밖으로 빠지고 상체를 숙일 수 있는 공간이 확보되어 좀 더 낮은 자세로 투구가 가능하기 때문에 중심점이 클로우즈 스탠스를 가지고 있는 사람보다 더 안정적인 투구를 할 수 있다. 클로우즈 스탠스의 경우 대퇴부의 유연성이 떨어지는 사람이나 강한 투구를 하는 사람들이 사용하는 스탠스 이다. 오픈 스탠스에 비해 클로우즈 스탠스의 경우 대퇴부위가 닫혀 있기 때문에 자세가 높아질 수 있지만 발목이 가로로 누워있지 않고 세로로 되어있기 때문에 빠른 속도로 저항을 덜 받고 빙판위에서 슬라이딩을 하기 때문에 흔들림이 적어질 수 있다. 아래 그림에서는 동일한 선수가 다른 자세를 표현했기 때문에 큰 차이를 볼 수 없을 수도 있는데 사진에서 왼발의 발목을 자세히 보면 큰 차이가 나는 것을 알 수 있다.

그림 22-1. 왼발의 오픈 스탠스   그림 22-2. 클로우즈 스탠스

② 오른발 자세

오른발은 직진하는 방향에 저항을 덜 받게 하기위해 일자로 편상태에서 딜리버리를 하는데 발등이 빙판에 포개어 지듯이 엎어져 있다면 무릎도 일자로 잘 펴져있는 상태가 되어 올바른 자세이고 발등이 엎어져 잘 포개어지지 않은 상태가 되었다면 무릎도 구부러진 상태가 되기 때문에 저항을 많이 받아 왼발을 축으로 조금 회전하게 되면서 목표하는 방향에 제대로 투구하기 힘들어진다.

그림 23-1. 올바른 자세   그림 22-2. 잘못된 자세

③ 브러시 잡기

브러시를 잡는 기본 원칙은 스톤을 똑바로 투구하기 위한 보조 용
도로 사용하기 위해서이다. 일류 선수들의 경우 브러시를 의지하지
않고도 스톤만으로 정확한 투구를 할 수 있지만 조금이라도 흔들리
지 않기 위해서는 브러시를 잡고 투구한다. 브러시는 헤드 끝부분으
로부터 두 뼘 정도 길이에 잡으면 좋은데 오른손은 스톤을 잡기 때문
에 높아진 스톤의 높이만큼 브러시를 늘어뜨려 잡는 것이라고 생각
하면 브러시 잡는 위치를 알 수 있다. 스톤은 시선과 목표지점 중간
에 잡고 브러시는 어깨와 정면 사이인 45°방면에 브러시 헤드가 놓
이도록 잡으면 된다. 과거에 많이 사용하던 나무로 된 브러시의 경우
브러시의 무게도 무겁지만 헤드가 바닥에 넓은 범위로 닿아 저항을
많이 받아 몸이 돌아가는 현상을 보이는데 신소재로 만들어진 브러
시의 경우 저항을 많이 줄여 딜리버리 순간에도 몸이 돌아가는 현상
이 많이 줄어들었다.

그림 24. 브러시 잡기

4) 턴

컬링경기장의 길이는 약45m에 이르는 긴 거리이다. 스톤은 경기
장의 길이만큼 맞은편까지 긴 거리를 이동하게 되는데 아무리 정확
한 동작으로 좌우회전하지 않도록 샷을 구사해도 조금은 한쪽으로

회전을 하여 원하는 거리만큼 도달할 쯤이면 직진성이 떨어지고 회전에 의해서 스톤이 회전하는 방향으로 흘러가는 커브현상이 발생한다.

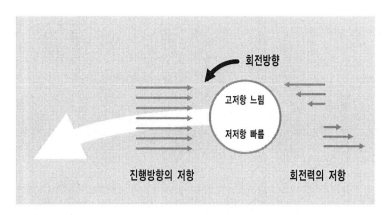

그림 25. 턴의 원리

어떠한 샷을 구사하든 오른쪽이나 왼쪽으로 스톤에 턴을 주어야 원하는 방향까지 의도한 대로 도달할 수 있게 된다. 따라서 턴의 종류는 두 가지로 나뉜다. 오른쪽(in turn) 시계방향으로 회전하는 턴과 왼쪽(out turn) 시계반대방향으로 회전하는 턴이다.

현장에서 선수들이 사용하는 용어로는 "인턴, 아웃턴"이렇게 사용하는데 인턴을 사용할 때 스킵은 오른손을 들어 투구자가 턴의 시작을 왼쪽에서 시작해 오른쪽 시계방향으로 돌릴 수 있도록 표시하고 그 반대의 경우인 아웃턴을 구사할 때는 스킵이 왼쪽 손을 들어 샷을 구사하는 투구자가 핸들을 오른쪽에 놓은 후 턴을 시작해 왼쪽 방향인 시계 반대방향으로 틀어 회전을 줄 수 있도록 유도한다. 스킵은 스톤이 원하는 방향으로 흘러갈 수 있도록 투구자의 턴을 고려하여 목표지점을 투구자에게 알려주어야 한다. 투구자가 스킵을 바라보는 방향에서 하우스의 중앙에서 오른쪽으로 스톤이 도달하기를 원할 경우 보통 인턴을 이용하고 반대인 중앙에서 왼쪽면의 하우스에 스톤이 도달하기를 원할 경우 아웃턴을 이용하여 투구하는 것이 일반적인 턴의 선택이다. 턴의 횟수는 3회에서 5회가 일반적인데 3회보다 적을 경우 지면과 마찰하여 회전하는 횟수가 적어 원하는 만큼 스톤이 꺾이지 않고 직진성을 띄게 되고 5회보다 스톤이 많은 회전을 하게 되면 이때도 마찰되어 스톤이 꺾이기보다는 마찰력이 떨어져서 직진성을 띄게 되어 원하는 만큼 스톤이 회전하여 하우스에 들어가지 않게 된다. 스톤이 하우스 안쪽에 들어가지 않도록 하는 샷의 경우에서도 턴은 반드시 있어야 조금 더 정확한 결과를 얻어낼 수 있기 때문에 스톤의 턴은 있어야 한다.

그림 26. 인턴과 아웃턴

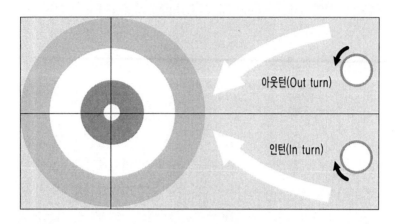

그림 27. 턴과 컬

5) 스톤놓기

원하는 위치로 딜리버리를 하기 위한 마지막 단계로 스톤의 손잡이를 손에서 놓는 동작이다. 이때의 작은 실수 하나가 결국 표적과는 전혀 다른 방향으로 갈 수 있기 때문에 주의하여야 한다. 투구 시 회전의 방향이 인턴인지 아웃턴 인지는 관계없이, 딜리버리 때마다 스톤을 놓을 때의 손은 항상 핸들위에 잘 고정해 두고, 표적을 잇는 가상의 선과 일직선이 되도록 손을 뻗어 편안하게 악수하는 듯한 모양을 유지한다. 이런 방법으로 투구를 함으로써 특별한 힘을 가하지 않고도 자연스럽게 적정 수준의 인턴 또는 아웃턴을 충분히 줄 수 있다. 스톤을 회전시키기 위해 무리하게 힘을 줄 필요는 절대 없다. 앞서 말한 방법으로 스톤의 손잡이를 놓는다면 굳이 회전을 주어야겠다고 생각할 필요도 없이 자연스럽게 스톤의 회전이 발생한다. 한편, 슬라이딩 중 스톤의 손잡이를 놓는 시점 또한 원하는 위치로 딜리버리를 하는 데 중요한 요소이다. 이는 어느 지점에서 선수의 슬라이딩 속도가 최고에 이르는지를 아는 데에서 시작하는데, 슬라이딩 속도가 느려지기 직전의 시점 또는 막 느려지기 시작한 시점에 손잡이를 놓음으로써 최적의 딜리버리를 할 수 있다. 한편 손잡이를 놓는 시점이 최고 속도에 이르고 난 한참 뒤라면, 슬라이딩을 하며 얻은 힘을 제대로 살리지 못하고 그 부족한 힘을 메우기 위해 손으로 스톤을 미는 경우가 발생할 수 있으므로 원하는 위치로 딜리버리를 하지 못하게 된다. 그러므로 선수는 자신의 슬라이딩 속도가 최고에 이르는 시점을 정확히 인지하고 매번 딜리버리를 할 때마다 동일한 시점에서 손잡이를 놓을 수 있도록 연습해야 한다.

그림 28-1. 올바른 그립   그림 28-2. 올바르지 않은 그립

올바른 그립의 경우 인턴과 아웃턴 모두 가상의 선(Target Line) 위에서 스톤에 힘이 전달되어 지시한 방향을 벗어나지 않고 턴이 이루어지는 반면 올바른 그립으로 스톤을 잡지 않을 경우 스톤의 방향성에 힘이 가해서 가상의 선(Target Line)을 벗어나 버리는 경우가 발생한다.

2. 스위핑(Sweeping)

컬링 경기를 처음 접하는 사람들에게는 스위핑은 단순히 얼음을 닦는 모습으로 보이여 다른 운동경기와 비교했을 때 가장 쓸모없고 이해할 수 없는 모습이라고 생각하고 왜 얼음을 열심히 닦는지 궁금해 할 수 있다. 초보자의 경우 스위핑을 하는 의미를 잘 모른다면 더 열심히 얼음을 닦지도 않을 것이다. 스위핑을 하는 가장 큰 목적은 무엇보다도 스톤이 목표 지점에 도달할 수 있도록 속도가 떨어지지 않게 도와주는 것이고 그 다음으로는 속도가 떨어지기 시작하면 스톤이 휘어져 들어가는 것이 덜 휘어져 가도록 하는 것이다. 결국 스위핑을 하는 목적은 좀 더 멀리 그리고 덜 휘어지도록 하는 것이다. 스위핑 능력이 우수한 팀의 경우 스위핑 능력이 적은 경우보다 스톤을 최대 50~60센티미터 더 많이 스톤을 보낼 수 있다. 그리고 만약 스톤이 너무 많이 휘어져 나갈 때 스위핑을 통해 스톤 그 움직이는 속도를 높임으로써 휘어지는 수를 줄이는 것이 가능하다. 그만큼 스위핑 능력이 우수한 선수를 보유하는 것이 엔드마다 한 개의 스톤을 더 던지는 것만큼 이점을 갖는 것이다. 이러한 장점을 생각해본다면, 스위핑은 그저 관중을 웃기기 위해 하는 것이 아니라 게임의 결과를 바꾸어놓을 행동임을 깨달을 수 있다. 이미 빠르게 진행하고 있는 스톤을 천천히 갈 수 있도록 한다거나 휘어져 갈 수 있도록 할 수 있는 것이 아니기 때문에 투구하는 사람은 항상 긴장을 늦추지 말고 신중한 투구를 해야 한다.

어떻게 스위핑하는 것이 올바른 방법일까? 아무 생각 없이 스톤 앞을 브러시로 문지르는 것이 아니라, 힘과 균형, 그리고 적절한 발의 움직임이 조화를 이루었을 때 이상적인 스위핑이라고 할 수 있다.

1) 스위핑 브러시 잡는 법

우선 스위핑 하기 위해서는 브러시를 잘 잡을 수 있어야 한다. 브러시를 잡는 특별한 방법이 있는 것은 아니지만 팔의 힘으로만 스위핑을 하다보면 체력소모가 커지게 되므로 어느 정도 체중이 잘 전달될 수 있도록 브러시를 잡는 위치를 조정하여 잡는 것이 중요하다. 아래에 설명하는 방법을 통해 더욱 효율적인 스위핑이 가능하도록 한다. 브러시 손잡이의 길이는 1.5미터 정도까지 이르기도 하지만 스위핑시에는 고른 힘의 분산을 위해 브러시 손잡이 맨 끝 손잡기보다는 양 손으로 각기 다른 위치를 잡는다. 만약 오른손잡이라면 브러시 잡는 방법은 다음과 같다.

그림 29-1. 오픈 스위핑   그림 29-2. 클로우즈 스위핑

(1) 오른손으로 브러시가 달려 있는 부분에서 약 80센티미터 윗부분을 잡는다. 이 때 브러시를 잡은 손의 손바닥은 선수의 몸과 마주하게 되고 엄지손가락의 끝은 브러시헤드를 향하도록 한다. 그리고 나머지 손가락은 손잡이의 아래쪽을 감싼다.

(2) 왼손은 브러시가 달려 있는 부분에서 약 40센티미터 윗부분을 잡는다. 이때 브러시를 잡은 손의 손바닥은 선수의 몸 반대편을 향하게 된다. 이때에도 역시 엄지손가락의 끝은 브러시를 향하도록 하고 엄지손가락은 손잡이 위쪽에 자리 잡도록 한다. 그리고 나머지 손가락은 손잡이의 아랫쪽을 감싼다. 스위핑을 잘 하기 위해서는 몸 전체의 무게를 브러시에 실어야 하므로 브러시를 잡은 손이 미끄러지지 않도록 적당한 힘을 가해 튼튼히 잡는 것이 중요하다. 앞서 말한 브러시 잡는 법은 하나의 예시일 뿐 스위핑을 더 편하고 효율적으로 할 수 있는 자세가 있다면 그에 맞추어 자세를 수정할 수 있다. 단순히 예시를 따르기보다는 자신에게 맞는 최적의 자세를 찾는 것이 중요하다.

2) 스위핑과 걸음걸이

이상적인 스위핑을 하기 위해서는 스톤이 딜리버리 될 때부터 멈출 때까지 스톤에게서 떨어지지 않고 함께 움직일 수 있도록 해야 한다. 초보자의 경우 중심을 잃고 넘어지지 않도록 빙상장에 잘 적응하는 연습을 충분히 하여야 한다. 스위핑 시 걸음걸이는 크게 두 가지 방법이 있는데 초보자의 경우 신발 양쪽에 모두 그리퍼(Gripper: 경기장에서 미끄러지지 않도록 바닥이 고무로 된 신발)가 장착 돼있는 상태로 걸어가며 스위핑 하는 방법이다. 어느 정도 익숙해진 경우 슬라이더(Slider: 경기장에서 미끄러질 수 있도록 바닥이 평평한 신발)가 부착되어있는 발의 그리퍼를 제거하고 미끄러지듯이 하는 방법이 있는데 초보자의 경우 넘어지지 않도록 무게중심을 잡고 충분히 연습하여 슬라이더를 신고 미끄러지면서 파워 넘친 스위핑을 할 수 있도록 연습한다. 컬링을 처음 시작하는 사람은 우선 그리퍼를 이용해 무게중심을 잡고 전진하는 법을 익혀야 한다. 그리퍼는 빙판위에서 끄러지지 않도록 만들어진 장비로 발을 바닥에서 떼었다가 내딛을 경우 발생하는 균형의 불안감을 없애주어 스위핑 시에도 안정적으로 자세를 잡을 수 있다. 그리퍼로 이동하면서 스위핑 하는 방법이 익숙해지면 그리퍼를 벗고 슬라이더를 이용해 스스로 추진력을 얻어 미끄러져나가는 이 걸음 법은 슬라이더를 바닥에서 떨어지지 않도록 하여 스위핑 하는 도중 원하는 지역을 쉬지 않고 계속해서 스위핑 할 수 있는 방법이다. 이때 사용되는 방법이 푸쉬-슬라이드 스텝(Push-Slide Step)이다. 다음과 같은 순서로 이루어진다.

푸쉬-슬라이드 스텝

(1) 몸은 딜리버리 되는 스톤을 마주보고 서서 슬라이더가 하우스를 향하도록 한다. 오른손잡이 선수라면 슬라이더는 왼발에, 그리퍼는 오른발에 착용하게 된다. 딜리버리 되는 스톤의 왼쪽에서 스톤을 마주보고 선다면 슬라이더는 하우스를 향해, 그리퍼는 핵을 향하게 된다. 왼손잡이 선수라면 스톤을 오른쪽에서 마주보고 선다.

(2) 몸은 여전히 스톤을 마주보고 선 채, 그리퍼를 신은 쪽의 다리에 힘을 주고 살짝 무릎을 굽힌 후, 발을 뒤로 차며 몸의 균형을 하우스 쪽으로 향하며 앞으로 나아간다. 처음에는 균형을 잃어 넘어지지 않도록 무리하게 움직이지 않는다. 이 동작이 제대로 이루어지면 한 번에 150센티미터 정도 미끄러져 나갈 수 있다.

(3) 미끄러지는 속도가 느려지면 다시 한 번 발을 뒤로 차며 속도를 높인다. 발을 뒤로 차며(Push) 몸을 앞으로 미끄러져 나가도록 한다. 슬라이더를 이용(Slide)하는 점에서 푸쉬-슬라이드 스텝이라고 한다. 이 방법으로 스톤에 뒤처

지지 않고 경기장 끝까지 갈 수 있다. 익숙하지 않은 동작이므로 쉽게 경기장
에서 자유자재로 움직일 수 있도록 연습을 한다.

3) 스위핑 방법

　스위핑을 할 때에는 무릎을 굽히고 허리를 숙인 후 체중을 양 발
의 중심에 실은 상태에서 스톤에 브러시를 가능하면 가까이 붙여 스
위핑 한다. 처음 스위핑을 익히기 시작할 때에는 브러시에 무리하게
힘을 실으려 하기보다는 균형을 잃지 않고 넘어지지 않도록 주의하
며 걷는다. 브러시가 스톤 앞에서 30~50센티미터 폭의 간격으로 움
직인다. 스위핑은 스톤이 움직일 경로 위에만 하면 되기 때문에 그
이상 간격으로 스위핑 하는 것은 비효율적인 스위핑이고 오히려 움
직임을 방해하고 균형을 잃게 만든다. 그러므로 브러시를 넓은 간격
으로 스위핑 하기보다는 빠른 속도로 사진에서와 같이 필요한 부위
에 스위핑 해서 효율성을 높이는 것이 좋다.

그림 30-1. 스위핑의 범위　　　그림 30-2. 스위핑의 범위

그림 30-3. 엣지(링)

스위핑 자세에 어느 정도 익숙해진다면 브러시를 잡은 손잡이에 체중을 좀 더 실음으로써 더욱 효율적인 스위핑을 할 수 있다. 이 때 더 큰 체중을 싣기 위해 브러시 잡는 법을 개선할 수도 있는데, 브러시를 잡은 손이 점점 빙판에서 가까운 곳에 위치할수록 안정성은 떨어지지만 지렛대 효과를 통해 더 큰 힘을 브러시 끝에 전달할 수 있다. 테이크 아웃을 시키려는 스톤은 매우 빠른 속도로 스톤이 움직이기 때문에 스톤을 잘 따라가는 것이 스위핑을 하는 것만큼이나 중요하다. 브러시를 짧게 잡을 경우 스위핑을 하기위해 허리를 많이 숙이게 되고 자세를 낮추게 되어 보폭이 좁아져 스톤을 신속히 따라갈 수 없으므로 빠른 속도의 스톤의 경우 브러시를 길게 잡아 큰 보폭으로 빨리 따라가는 것이 효과적이다.

스위핑은 스톤이 나아갈 길을 스위핑 할 때에만 그 효과를 볼 수 있다. 예를 들어 폭설이 내려 도로가 눈으로 뒤덮였을 때 도로 위에 있는 눈을 치워야만 도로 위로 차가 다닐 수 있는 것처럼 도로 위에 덮인 눈은 그대로 두고 도로 주변에 있는 눈만 치웠을 때에는 여전히 도로 위로는 차가 다닐 수 없는 것과 비슷한 이유이다. 컬링 또한 마찬가지로, 스위핑 시 스톤의 경로 앞이 아닌 그 경로 주변을 스위핑 한다면 스톤의 움직임에는 아무 도움을 줄 수 없다. 이렇게 정확히 스위핑 해야 할 곳을 알지 못한다면, 아무리 강한 힘을 주어 스위핑 한다 하더라도 결국 스톤이 목적한 곳까지 도달하는 데에는 아무런 영향을 미치지 못한다. 컬링 경기에서는 두 명의 스위퍼가 함께하게 된다. 따라서 파트너와의 협의를 통해서 누가 스톤의 앞쪽을 스위핑 할지를 미리 결정해두어야 한다. 두 사람이 팀이 되어 각자 어느 위치에서 스위핑을 할 것이며, 어떤 방법으로 발을 움직일지 또한 결정함으로써 스위핑 중 두 사람의 브러시가 서로 엉키는 일 없이 스위핑에만 집중할 수 있다. 꾸준한 연습과 파트너 간의 대화를 통해 제대로 된 팀을 이룬다면 두 선수가 서로 균형을 맞추어 스위핑 해 나감으로써 효과를 극대화할 수 있다.

그림 31. 브러시 잡는 자세

앞서 말한 세 가지 요소, 푸쉬-슬라이드 스텝과 브러시 잡는 법, 그리고 스위핑 하는 법을 확실히 익히고 동시에 구사할 줄 알아야만 실제 경기에서 효율적인 스위핑을 할 수 있다. 브러시를 빙판 위에 갖다 대고 이를 앞뒤로 움직이다가, 스톤이 움직이면 그리퍼를 신은 발로 몸을 살짝 밀어 앞으로 미끄러져 나가면서 스톤을 따라 계속해서 스위핑을 하고, 스톤이 멈출 때까지 이를 반복해야 한다. 단순한 두 가지 동작을 반복하는 것에 불과하지만 이를 잘 구사할 때 더욱 쉽고 효율적으로 스위핑 할 수 있음을 명심하고, 스위핑 동작에 익숙해지도록 꾸준히 연습한다.

실제 경기에서 스위핑

1. 중앙선 좌우에 있는 사이드라인 위쪽에 자리를 잡고 호그라인 근처에서 스위핑 준비를 한다.
2. 팀 동료가 딜리버리를 한다
3. 딜리버리 이후 예상되는 스톤의 경로 근처로 다가간다. 단 스톤이 나아갈 길 앞에 서서 스톤의 움직임을 방해해서는 안 된다.
4. 딜리버리 하는 선수가 하우스의 맨 끝에 위치했을 때 위퍼는 푸쉬-슬라이드 스텝을 시작한다. 스톤을 놓기 전 미리 몸에 가속도를 붙임으로써 스톤을 손에서 놓은 이후 스위핑 시 스톤과 같은 속도로 움직일 수 있다.
5. 스톤의 움직임이 예상되는 경로를 따라 스톤 앞을 스위핑 한다. 이 때 브러시는 스톤의 앞쪽에, 선수의 몸 왼쪽에 자리 잡게 된다. 스위핑의 때를 극대화 스톤을 위해 최대한 빨리 브러시를 앞뒤로 움직인다.

스위핑에 익숙하지 않을 때에는 선수가 앞으로 미끄러져 나가는 스톤의 속도를 따라잡지 못해 중간에 스위핑을 멈추는 경우가 흔히 발생한다. 푸쉬-슬라이드 스텝을 안정적으로 구사함으로써 점차 자세가 자리를 잡고 스톤의 속도에 맞추어 앞으로 나아갈 수 있으며 제대로 된 스위핑을 할 수 있으므로 움직이는 동안 균형을 잃지 않고 푸쉬-슬라이드 스텝을 사용해 앞으로 나아갈 수 있도록 연습하는 것이 중요하다.

4) 스위핑 시 주의사항

① 임의로 스위핑을 중단하지 말 것

스킵이 스위핑을 요청할 때 스위퍼는 브러시를 얼음 위에 갖다 대고 스톤이 나아갈 길을 따라 스위핑을 하되, 이는 특별한 요청이 있지 않는 이상 스톤이 멈출 때까지 지속한다. 절대 임의로 스위핑을 멈춰선 안 된다. 스위핑을 중단한 이후 예상하지 못한 경로로 스톤이 꺾여 나아갈 수도 있고, 이로 인해 경기를 망칠 수도 있기 때문이다. 다만 아주 넓은 범위를 스위핑하기 보다는 스톤이 움직일 것으로 예상되는 경로 위에서만 스위핑 함으로써 체력을 낭비하고 제대로 된 효과를 얻지 못할 수 있다. 스스로 올바른 위치를 수도 하고 있는지를 경기 중 꾸준히 점검해야 하지만 균형을 잡고 서 있는 데에만 신경을 쓰거나 스킵의 지시에만 귀를 기울이다가 막상 제대로 스위핑을 하지 못하는 경우가 흔하다. 어떤 선수는 스스로 정확한 위치를 수도 한다고 생각하지만 실제로는 라인에서 벗어나 잘못된 곳을 스위핑 하고 있는 경우도 있다. 스위핑을 꾸준히 하는 것도 중요하지만, 정확한 곳을 꾸준히 스위핑 할 때만이 효과를 볼 수 있다.

② 스위핑 할 때에는 두 사람의 호흡이 중요하다

앞서 말했듯이 매 딜리버리시마다 두 명의 선수가 한 팀이 되어 스위핑을 한다. 이상적인 스위핑을 위해서 한 선수는 중앙선의 왼쪽에 다른 선수는 오른쪽에 자리를 잡고 스위핑을 하게 되는데 이 때 서로 호흡이 맞지 않으면 서로의 스위핑을 방해하거나 다리가 꼬일 수도 있고, 때로는 스톤을 브러시로 건드려 투구를 무효로 만들 수도 있다. 그러나 팀의 구성원이 모두 오른손잡이 또는 왼손잡이로만 구성되어 있다거나, 선수 모두가 어느 한 쪽에서의 스위핑에만 특화되어 있다면 두 선수 모두 스톤을 마주하고 한쪽에 나란히 서서 스위핑을 할 수도 있다. 그러나 이 방법은 스톤에서 먼 쪽에 자리 잡은 스위퍼가 스톤과 가까운 위치에 브러시를 갖다 대기가 다른 방법에 비해 상대적으로 어렵단 단점이 있다. 하지만 두 방법 중 어떤 것을 택하던지 간에 스톤에게서 먼 쪽에 자리 잡은 스위퍼는 브러시가 스톤에게서 멀리 떨어진 곳에서 스위핑을 해야 하기 때문에 정확한 위치를 스위핑 하기 어렵다. 그러므로 스킵은 스톤에게서 멀리 떨어진 선수가 스위핑 하는 모습을 유심히 관찰하고 잘못된 부분이 있으면 알려줌으로써 올바른 스위핑을 하도록 도움을 줄 필요가 있다.

5) 왜 스위핑을 하는가?

이 단원 맨 앞에서 말했듯이 스위핑을 하는 이유는 스톤을 보다 더 멀리, 덜 휘어지게 보내기 위해서이다. 그러나 무작정 스위핑 하기보다는 필요에 따라 스위핑을 해야 한다.

① 가드를 피해 드로우한 경우

드로우의 목적은 가드 뒤로 스톤을 보내는 것이다. 그러나 드로우한 스톤이 휘어나가는 방향이 가드와 부딪칠 것으로 예상될 때 스위핑을 해서 휘어짐을 줄임으로써, 가드와 부딪치지 않고 그 옆을 지나 더 멀리 나아간 후 가드 뒤에서 스톤이 자리 잡게 된다.

② 하우스를 향해 드로우한 경우

하우스의 가장 작은 원 안에 스톤을 넣기 위해 딜리버리를 했지만 웨이트가 충분하지 않아 하우스의 가장 큰 원 정도에만 도달할 것으로 예상될 때 스위핑을 함으로써 스톤을 더 멀리 보낼 수 있다.

(3) 테이크아웃을 하는 경우

상대방의 스톤을 쳐내기 위해 딜리버리를 했지만 스톤이 휨으로써 목표로 하는 스톤을 빗겨나갈 것으로 예상될 때 스위핑을 해서 휘어짐을 줄이고 라인을 따라 일직선으로 나아가게 함으로써 목표물을 테이크아웃하게 된다.

6) 선수의 위치

① 투구하지 않는 팀

선수가 투구를 하는 동안에는 사이드라인과 커터시 라인 사이에서 움직이지 않는다. 그러나 스킵이나 바이스스킵은 플레이 엔드의 백 라인에 서 있을 수 있지만 투구하는 팀의 스킵이나 바이스 스킵을 방해해서는 안 되고 다음에 구해야 할 선수는 엔드 중에 링크의 사이드나 핵의 뒤에 있을 수 있다. 투구하지 않는 팀의 선수들은 투구하는 팀에게 방해되는 어떠한 동작이나 위협이 되는 행동, 충돌의 행위 또는 집중을 해치는 어떠한 행위도 해서는 안 된다. 만일 이런 행동이나 간접적인 방해 행위가 투구 중 벌어졌다면 그 선수는(던져진 스톤을) 그냥 두거나 움직여진 스톤이 제자리로 옮겨진 후 다시 스톤을 투구할 수 있다.

② 투구하는 팀

팀이 투구하는 동안에 스킵이나 바이스 스킵(스킵이 투구시에)은 하우스의 책임자가 된다. 하우스의 책임자가 된 선수는 팀이 투구를 하는 동안 호그 라인 안이나 플레잉 엔드 쪽 아이스 위에 위치할 수 있다. 한 선수가 스톤을 딜리버리 하고 다른 선수들은 스위핑을 할 수 있다. 아래의 그림을 보면 검정색 운동복을 착용한 팀의 선수들이 투구와 스위핑을 하고 있을 때 환한색의 운동복을 착용한 상대편 팀은 지정된 지점에서 상대편의 투구에 방해가 되지 않도록 위치한다.

그림 32. 선수들의 위치

7) 스톱워치사용

리드(lead)나 세컨(second)을 맡은 선수는 스톱워치를 이용하여 스위핑 여부를 결정하는 데 도움을 줄 수 있다. 상대팀도 위의 그림 32에서 보이는 것처럼 대기선수☺가 스톤이 움직이는 속도를 잼으로서 현재 스톤의 웨이트를 파악할 수 있다. 스위퍼는 한 손에 스톱워치를 다른 한 손에는 브러시를 들고 팀 동료가 딜리버리를 할 때 시간을 확인한 후 스톱워치를 다른 곳에 두고 브러시를 양 손으로 잡은 뒤 필요시 스위핑을 할 수 있을 정도로 재빠르게 움직여야 하므로 충분한 연습을 필요로 한다. 그러나 실제로는 생각만큼 복잡하지 않으므로 연습을 통해 쉽게 익숙해질 수 있다. 한편 새로운 경기장에서 경기를 할 때에도 가장 먼저 스톱워치를 이용해 스톤이 움직이는 시간을 측정해야 한다. 스톱워치를 통해 얻은 시간을 바탕으로 지금 경기를 하는 경기장이 일반적으로 연습하던 경기장에 비해 스톤이 더 빠르게 움직이는지를 알 수 있기 때문이다. 만약 우리 팀이 주로 연습하던 경기장의 양 호그라인 사이를 스톤이 움직이는 시간이 23초가 나왔을 때, 지금 경기를 펼치는 경기장에서 동일한 힘으로 투구했을 때 21초가 나온다면 이곳에서는 연습하던 경기장에 비해 스톤이 더 빠르고 멀리 움직임을 알 수 있으므로 실제 딜리버리시에는 힘을 조금 줄여서 투구해야 다른 경기장에서와 동일한 웨이트를 가질 수 있다.

스위퍼는 스톱워치를 이용함으로써 스위핑이 필요한 지의 여부를 스킵의 지시 없이도 알 수 있다. 앞서 말한 호그라인 사이의 시간을 재는 법을 딜리버리 시에도 그대로 적용하여 스위퍼는 티라인에서 출발한 스톤이 호그라인까지 도달하는 시간을 측정한 뒤 실제 측정된 시간과 특정 지점에 도달하기 위해 필요한 시간을 비교함으로써 스톤의 움직임이 상대적으로 느릴 때에는 스위핑이 필요함을 바로 알 수 있다. 예를 들어 하우스 한 가운데에 스톤을 집어넣기 위해서는 티라인에서 호그라인까지 도달하는 데 3초가 걸려야 하지만, 실제로 투구했을 때에 시간이 3.5초가 걸린다면 이는 상대적으로 속도가 느림을 뜻하므로 하우스 한가운데까지 도달하지 못하게 된다. 이때 측정된 시간을 바탕으로 스위핑이 필요함을 알 수 있다. 실제 경기에서는 몇 십 분의 일초 차이가 스톤이 도달하는 위치의 차이를 결정하므로 스톱워치를 사용할 때에는 정확한 시간 측정과 그 이후 알맞은 스위핑 기술을 갖는 것이 중요하다.

경기 중 스톱워치를 사용하는 것이 점차 대중화되면서 손에 쥐고 사용하는 스톱워치뿐 아니라 브러시에 부착한 후 사용하는 스톱워치도 등장함으로써 선수들은 스톱워치 사용 시 불편함을 점차 덜고 있다. 그러나 컬링을 처음 시작하면서부터 스톱워치를 이용한 시간 측정에 얽매일 필요는 없다. 우선 연습을 통해 스위핑 기술을 먼저 익힌 후, 스위핑을 문제없이 구사할 수 있을 때 스톱워치를 이용함으로써 더욱 쉽고 정확하게 스위핑을 할 수 있다.

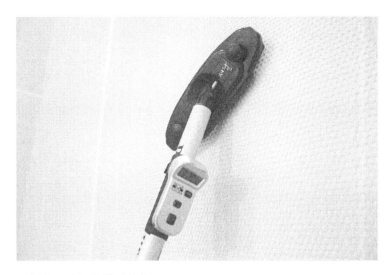

그림 33. 브러시 장착용 초시계

스톤터치(Touched stone)

경기 중에 스위퍼가 진행 중인 스톤을 발이나 브러시로 건드려진 경우 경기규정에서는 "Touched stone"이라고 부르며 세 가지 방법으로 터치된 스톤을 처리하기를 권고한다. 첫 번째로는 터치되었다고 하더라도 멈춰진 자리에 그대로 놓을 수 있도록 하는 방법. 두 번째 터치된 스톤은 제외시키고 경기를 진행하는 방법이다. 세 번째 터치된 스톤에 의해 움직여진 다른 스톤이 있다면 투구된 톤을 치우고 움직여진 스톤은 터치되었던 스톤에 의해 움직여지기 이전의 원래 자리에 놓는다. 외부의 힘에 의해 움직이는 스톤이 건드려졌을 때 또는 터치에 의해 움직여졌을 때 모든 스톤은 그대로 움직여지게 놔둔 후, 외부적인 힘이 없었다면 정지했을 것이라고 생각되는 위치에 스톤을 놓는다. 만일 팀들이 동의하지 않는다면 모든 스톤을 원래의 자리로 옮긴 후 재 투구한다. 만일 원래의 자리마저 동의되지 않는다면 엔드를 다시 시작한다.

제5장
샷의 종류

1. 샷의 종류

컬링의 목표는 하우스의 중앙에 얼마나 많은 스톤을, 얼마나 근접하게 보내는 거라고 할 수 있다. 그러나 스톤을 투구하는 방법은 목표만큼 단순하지 않다. 다양한 투구법이 있지만 결론적으로 투구한 스톤이 어디에 위치하는가에 따라 샷의 종류가 결정된다. 그 중에서 주로 사용되는 투구의 종류는 크게 3가지 종류가 있다. 구역 안에 넣기, 쳐내기, 구역 안에 넣지 않기이다. 그러나 그 외에도 많은 종류의 투구가 있고 상황에 맞는 적합한 투구를 구사할 수 있느냐가 승부를 가를 수 있는 요소이기 때문에 앞서 말한 세 가지 투구 외의 방법 또한 잘 알고 있어야 한다. 또한 선수는 왜 스킵이 특정한 투구를 요구하는지 내가 던지는 스톤이 경기에 어떠한 영향을 미치는지를 잘 이해할 수 있어야 한다. 초보자도 세분화된 샷의 종류를 잘 이해하고 있어야 서로 원하는 작전을 짧은 시간에 구체적으로 이해하고 의도한 목표에 좀 더 정확히 투구할 수 있다.

스킵과 선수는 얼마나 스톤을 강하게 미느냐에 따라 웨이트를 결정할 수 있다. 스킵이 강한 웨이트로(Big weight hit) 투구하기를 원한다면 이는 스톤을 빠르게 딜리버리함으로써 다른 스톤을 쳐내려는 목적임을 선수는 이해할 수 있으며 반면 스킵이 적당한 수준의 웨이트로(draw weight) 투구할 것을 선수에게 요청한다면 선수는 스킵이 원하는 위치에 스톤을 보내는 정도의 웨이트로 딜리버리할 것이다. 특히 웨이트는 얼마나 멀리 나아가는지를 결정할 뿐만 아니라 스톤이 얼마나 곡선을 그리며 나아가는 지에 대한 정도 또한 결정하기 때문에 그 중요성이 더욱 크다고 할 수 있다. 즉 동일한 속도로 회전을 하더라도 강한 웨이트를 가진 경우에는 상대적으로 약한 웨이트를 가진 경우에 비해 동일한 시간에 더 많은 거리를 나아가게 되므로, 높은 웨이트로 투구할수록 스톤은 휘어지는 정도가 덜한 채 원하는 위치를 향해 일직선으로 나아가게 된다. 웨이트의 정도를 분류하는 기준은 다음과 같다.

강도	명칭	설명	
느림	① 가드	호그라인을 넘고 하우스에 들어가지 않는 스톤	
	② 포인트가드	하우스 앞쪽에 득점할 수 있는 상태에서 머물러 있는 스톤	
	③ 드로우	스톤이 하우스 안에 머물 수 있을 정도의 세기	
	④ 핵	하우스를 조금 지나칠 정도의 세기	
빠름	⑤ 백라인	스위핑에 의한 정교한 테이크가 가능한 정도의 세기	백라인까지 도달할 정도의세기
	⑥ 범퍼		자신의 스톤은 남아 있고 상대스톤을 밖으로 내보낼 정도의 세기
	⑦ 컨트롤		두 개의 스톤이 정교하게 밖으로 나갈 수 있을 정도의 세기
	⑧ 노멀	놓여있는 1~2개의 스톤을 내보고 자신의 스톤도 나갈 수 있을 정도의 세기	
	⑨ 필	3~4개의 스톤이 나갈 정도로 가장 빠른 스톤세기	

앞서 말한 웨이트의 정도는 힘의 세기보다는 투구가 이루어지는 핵과의 거리를 기준으로 한다. 즉 선수는 어느 정도의 힘으로 투구를 할 때 어느 정도의 웨이트에 도달하는가를 알고 스킵이 특정 웨이트를 요청할 때 이에 해당하는 힘을 늘 동일하게 가하는 것도 중요하지만, 동일한 힘을 가하더라도 경기장의 빙질에 따라 스톤이 나아가는 거리는 차이가 발생할 수 있으므로 선수는 빙질의 차이를 고려하여 스톤이 특정 웨이트에 해당하는 거리만큼 정확하게 갈 수 있도록 힘을 알맞게 조정할 수 있는지가 더욱 중요하다. 예를 들어 선수가 드로우 웨이트를 시도했는데 실제로는 스톤이 맞은편 핵에 도달한다면 이는 경기장의 빙질이 같은 힘으로도 보다 먼 거리를 갈 수 있는 상태임을 뜻한다. 그러므로 선수는 평소에 드로우 웨이트로 투구할 때 사용하던 힘보다 좀 더 약하게 투구해야 평소 드로우 웨이트만큼의 거리에 스톤을 보낼 수 있다. 따라서 선수는 경기를 펼칠 경기장과 자신이 평소에 연습하던 경기장의 빙질 차이에 빠르게 적응하고 이에 알맞은 힘을 적용하여 웨이트를 구사할 줄 알아야 하며, 스킵은 빙질의 차이를 신속하게 이해하고 그 차이를 선수에게 전달하는 능력을 지니고 있어야 한다. 스톤을 투구함에 있어 웨이트를 정한 뒤에는, 스톤을 보내는 방향을 의미하는 라인 또한 웨이트 만큼이나 스톤을 투구하는 데 중요한 요소이다.

선수가 딜리버리를 할 때, 스킵은 먼저 어떤 종류의 웨이트로 스톤을 투구할 지를 지시하고 그 후에는 어느 방향으로 투구해야 할지를 지시한다. 방향을 지시하기 위해 스킵이 브러시를 수직으로 잡고 특정 지점을 가리키고 있으면 선수는 이를 눈으로 겨냥하고 투구하는데, 이때 유의할 점은 스킵이 가리킨 지점이 반드시 스톤이 도달해야 할 지점은 아니라는 것이다. 스킵이 가리키는 지점은 스톤이 나아가는 방향과 함께 빙판의 미끄러운 정도를 고려하여 스킵이 임의로 정하는 것인데, 만약 빙판이 미끄러워 스톤에 회전을 주었을 때 평소보다 더 많은 커브가 발생한다면 스킵이 가리키는 지점과 스톤이 도달해야 할 지점 간의 거리는 그렇지 않은 경우보다 더욱 멀어지게 된다. 따라서 스킵은 단순히 스톤이 도달해야 할 지점을 생각하는 데에서 그치지 않고 경기장마다 때로는 경기 중에도 시시각각 변하는 빙판의 상태를 체크하고 이를 고려하여 선수가 겨냥할 최적의 지점을 선택할 수 있는 능력을 지녀야만 팀 구성원이 스킵의 지시를 믿고 따를 수 있다. 그렇기에 스킵은 경험이 많고 책임감이 있으며 경기 내, 외적인 요소를 고루 살필 수 있는 선수가 가장 적합한 포지션이다.

2. 살아있는 스톤

경기장 안에 인플레이될 수 있는 스톤은 그대로 놓아 둔 채 다음 투구할 선수가 샷을 구사하게 되는 데 밖으로 나가거나 구역 안에 들어오지 못한 스톤은 경기장 밖으로 치운다. 제외 시켜야 하는 스톤은 세 가지 종류가 있다.

첫째, 호그라인을 넘기지 못한 스톤으로 호그라인을 넘겼지만 완벽히 넘지 못하고 선에 걸쳐있는 스톤도 플레이 할 수 있는 스톤이 아니기 때문에 제외시켜야 한다.

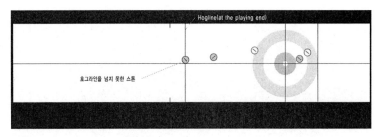

그림 34. 호그라인을 넘지 못한 스톤

그러나 호그라인을 완전히 넘기지 못하였지만 인플레이 하고 있는 스톤을 닿고 멈춰선 스톤은 호그라인을 넘지 못하였다고 하더라도 인플레이 중인 스톤을 닿고 호그라인을 넘지 못하였기 때문에 이 경우에는 밖으로 빼내지 않는다.

그림 35. 선행되었던 스톤에 의해 호그라인을 넘지 못한 스톤

둘째, 백라인을 완전히 넘어간 스톤은 플레이할 수 없는 스톤이다. 호그라인의 선에 닿은 경우 제외하지만 백라인에 걸쳐진 스톤은 호그라인과 반대로 살아있는 스톤으로 인정하고 플레이한다.

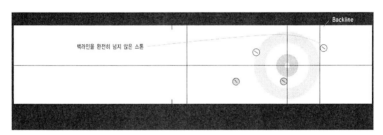

그림 36. 백라인을 완전히 넘지 않은 스톤

셋째, 사이드라인은 닿기만 하더라도 제외시켜야 한다. 일반적으로 경기장은 사이드라인이 벽으로 되어있어 스톤이 사이드라인에 닿았는지 스톤의 반발력으로 쉽게 확인할 수 있지만 선으로 그어진 시트의 경우 스킵이 판별하여 아웃된 스톤인지 아닌지를 서로 의견을 조율한다.

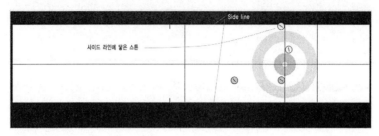

그림 37. 사이드라인에 닿은 스톤

3. 구역 안에 넣기

컬링의 경기 결과는 하우스 가장 안쪽에 가까이 얼마나 많은 스톤을 넣느냐에 따라 점수가 나뉘게 된다. 따라서 구역 안에 스톤을 도달할 수 있도록 넣는 것이 가장 기본기술 이라고 할 수 있다. 모든 선수들은 구역 안에 스톤을 넣을 수 있도록 기본기를 갖출 수 있어야한다.

구역 안에 넣는 샷의 종류에는 크게 두 가지가 있는데 하우스 안쪽에 넣는 드로우 샷과 하우스 앞쪽에 놓는 가드 샷이다. 두 가지 가드 샷 모두 보이기에는 같은 모습으로 투구한 것이지만 내용상에는 많은 차이가 있다. 구역 안에 놓기 위해 보통 투구한 자신의 샷이 목표한 지점에 도달하여 넣을 수도 있지만 이미 놓아둔 스톤을 이용하여 놓는 방법도 있기 때문에 샷의 종류는 좀 더 세분화 할 수 있다.

1) 가드(Guard)

가드라는 단어의 의미를 생각해 본다면 쉽게 이해할 수 있는데 컬링의 운동 성격상 직진성을 가진 스톤의 움직임을 방해하는 지역에 스톤을 넣는 것이 가드인 것이다. 가드에 종류는 크게 세 가지 방법이 있다. 첫째, 호그라인 근처에서 가드 역할을 하는 것을 롱 가드(Long Guard)라고 하며 상대방의 스톤이 빠른 속도로 투구하여도 이미 세워져 있는 스톤에는 영향을 미치지 않거나 유리한 자리를 차지하기 위해 작전상 호그라인 가까운 위치에 놓는 것이다. 둘째, 하우스 앞쪽 부근에 놓는 스톤을 타이트 가드(Tight Guard)라고 하며 작전상 호그라인을 보호하고 상대방의 스톤이 돌아 들어오는 스톤을 방해하기 위한 자리를 점유하는 가드이다. 셋째, 먼저 투구되었던 스톤에 근접하게 놓으면서 상대편의 스톤이 돌아 들어오는 드로우나 테이크아웃을 할 수 없도록 스톤에 가깝도록 놓는 스톤을 숏 가드(Short Guard)라고 한다.

가드는 일반적으로는 호그라인과 하우스 중간정도에 놓는 것을 가드라고 이야기한다. 스톤이 호그라인에 가깝게 놓이면 상대방이 내가 가드 시켜둔 스톤을 쳐내더라도 하우스안쪽의 스톤에 영향을 덜 미칠 수 있고 보호하려는 스톤 부근에 가까이 가드 하면 보호하려는 스톤에 가드 시킨 스톤이 영향을 미치기 쉽기 때문에 돌아 들어오는 스톤을 막을 수는 있지만 스톤이 하나만 있을 때보다 두 개의 스톤이 있을 경우 상대방이 더블테이크 아웃으로 쳐내기 쉽기 때문에 보호하려는 스톤과 가드하려는 스톤의 거리와 방향을 고려하여 놓는다. 시합 현장에서는 상황 따라 호그라인에 가까운 지역에 가드를 할 것인지 하우스 가까운 지역에 가드를 할 것인지를 선택하여야 한다.

가드의 기본적인 목적은 좋은 위치에 자리 잡고 있는 우리 편의 스톤을 상대방이 쳐내는 것을 막기 위함이다. 그러나 때로는 가드 할 대상이 없음에도 불구하고 가드를 세우는 경우를 볼 수 있다. 이는 먼저 가드를 세운 후 그 뒤로 스톤을 넣음으로써 결과적으로는 가드 해 놓은 스톤을 이용하여 우리 편에 유리한 효과를 볼 수 있는데, 이 방법을 통해 스톤을 좋은 위치에 던져놓은 직후의 상대편 투구가 우리 편의 스톤을 쳐낼 단 한 번의 기회도 상쇄할 수 있으므로 단순히 가드를 세우는 것이 아닌 전략적 활용이 가능하다. 한편 중앙선에서 8피트 원(하우스에서 두 번째로 큰 원)의 지름만큼 떨어진 양 끝에 스톤이 자리 잡을 때에는 양 쪽에 있는 스톤을 가드 할 수 있단 점에서 코너 가드(Corner Guard)라고 부른다.

가드가 되는 스톤은 대부분 첫 번째 딜리버리 때 세우게 되는데, 하우스에서 5피트 정도 떨어진 상태에서 중앙선 근처에 자리 잡게 된다. 물론 필요에 따라 경기 중에 가드를 세우는 경우도 있다. 가드는 득점에 직접적으로는 영향을 미치지 못하지만 경기에서 승리하는 데에 주요한 역할을 한다. 가드가 하우스에 지나치게 가깝게 자리 잡거나 지나치게 먼 곳에 자리 잡는 경우에는 제대로 된 가드의 역할을 하지 못하므로 가드 역할을 하는 스톤을 투구할 때에는 드로우처럼 정교한 웨이트의 조절을 필요로 한다.

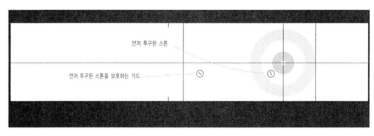

그림 38. 가드

2) 드로우(Draw)

하우스 또는 티라인 근처에서 멈출 정도의 웨이트로 하우스 안에 스톤을 던져 넣는 드로우는 컬링 경기에서 가장 자주 사용되는 투구이다. 따라서 어떻게 드로우할지를 확실히 알지 못한다면 경기를 풀어나갈 수 없다. 드로우는 가장 중요한 종류의 투구이지만 그 방법은 생각보다 간단하다. 스킵이 하우스 내의 특정 위치를 브러시로 가리키고 선수가 겨냥할 목표지점에 브러시를 고정한다면 선수는 이를 보고 적당한 웨이트와 회전을 준 후 라인을 따라 딜리버리하면 된다. 이 과정이 모두 제대로 이루어진다면 스톤은 하우스 내의 원하는 지점에 도달할 것이다. 그렇지만 드로우는 생각처럼 쉽게 할 수 있는 것이 아니므로 꾸준한 연습을 하여야 한다. 드로우 할 때 다음의 요소를 염두에 두어야 한다.

먼저 드로우를 할 때, 스킵이 원하는 정확한 웨이트를 구사할 줄 알아야 한다. 웨이트에 알맞은 적당한 힘으로 핵을 딛고 나와 딜리버리하는 것이 스톤을 원하는 곳에 정확히 보내는 방법이라 할 수 있다. 또한 빙질에 따라 실제 스톤이 나아가는 거리가 다르므로 선수는 빙질에 따라 필요한 힘의 작은 차이 또한 늘 인지하고 있어야 한다. 때로는 경기장 간 차이 뿐 아니라 동일한 경기장 내에서도 중앙선 부근과 경기장 외곽의 빙질에 차이가 있으므로 꾸준한 연습을 통해 어느 정도가 적당한 웨이트인지를 감으로 느끼고 이에 맞게 딜리버리해야 한다.

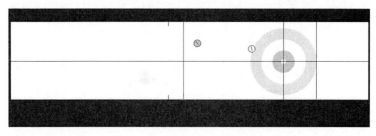

그림 39. 드로우

드로우는 스톤이 도달하는 위치에 따라 몇 가지의 종류로 구분할

수 있다. 드로우 시 스톤이 어디를 어떻게 지나가는 지를 바탕으로
종류를 분류하면 다음과 같다.

스톤의 웨이트에 따른 분류

공격적인 형태의 드로우로 백라인 하우스 웨이트에 비해 천천히 드로우 하여 티
라인 앞쪽에 스톤이 머물 수 있도록 하는 공격적 방법

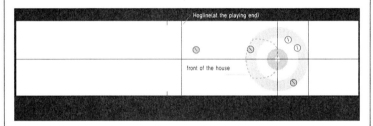

그림 40. 프론트 하우스 웨이트(Front-house Weight)

프론트 하우스 웨이트에 비해 조금 더 강하게 드로우 하여 티라인 뒤쪽에 스톤이
머물 수 있도록 하는 수비적 방법

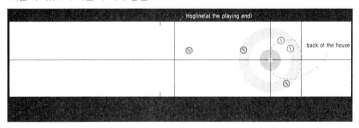

그림 41. 백라인 웨이트(Back-Line Weight)

- 가드하고 있는 스톤을 돌아가는 드로우(Draw around the guard)

가드하고 있는 스톤을 돌아가는 방법으로 투구한 스톤이 휘어져나가는 특성을 이용해 하우스 앞에 놓여있는 스톤을 피해 돌아간 후 그 뒤에 도달하는 드로우, 기존에 있던 스톤을 가드로 활용하는 방법이다.

- 포트 사이를 지나가는 드로우(Draw through the port)

앞서 자리 잡고 있는 다른 두 개 이상의 스톤 사이를 지나서 하우스에 도달하는 드로우, 두 스톤의 사이 공간을 포트(Port)라고 한다.

- 버튼 위에서 멈추는 드로우(Draw to the Button)

하우스의 정중앙 작은 원 위에 스톤을 갖다놓는 버튼 드로우, 마지막 스킵이 승리를 결정하는 드로우가 되기도 한다.

드로우의 방법은 간단하지만 이를 실제로 잘 하기 위해서는 꾸준한 연습만이 답이다. 드로우 시 적당한 힘으로 핵을 딛고 나왔으며 슬라이딩의 스피드는 어떤지, 또 동작은 자연스러운지를 본능적으로 느끼고 이것이 적합하다고 판단할 수 있을 때까지 연습한다면 필요로 한 정확한 웨이트를 구사할 수 있는 수준에 도달할 것이다. 그러나 이미 핵을 딛고 나온 이후 웨이트에 변화를 주기 위해 투구 중 손으로 스톤을 밀거나 잡아당기는 행동을 해서는 안 된다. 모든 투구는 핵을 딛고나온 힘 만으로 이루어져야 하며 만약 웨이트가 부족하거나 과하더라도 이는 연습의 일종이지 굳이 무리해서 변화를 준다면 알맞은 웨이트를 구사할 수 없어 투구에 실패하는 경우가 발생한다.

한편 드로우를 할 때 스킵이 필요로 하는 웨이트보다 조금 더 약하게 투구하는 것 또한 정확한 드로우를 할 수 있는 방법이다. 스위퍼(Sweeper)는 브러시를 이용하여 스톤을 좀 더 멀리 갈 수 있도록 할 수 있지만, 반대로 강한 힘이 가해진 스톤을 덜 가게 만들 수는 없다. 따라서 선수는 드로우를 할 때 스위퍼를 믿고 필요하다고 생각되는 힘보다 낮은 힘으로 투구하고, 스위퍼는 스톤을 따라가며 필요할 경우 스위핑(Sweeping)을 통해 원하는 지점에 스톤을 도달하게 할 수 있다. 스톤이 적당한 속도로 나아가고 있는지를 파악하기 위해 스톱워치를 사용하는 방법도 있다. 모든 종류의 투구는 투구 시점부터 도달하는 시점까지 일정한 시간이 걸리므로 이를 측정하여 속도를 계산할 수 있다. 예를 들면 호그라인에서 반대편 티라인까지 딜리버리하는 데 23초가 걸렸다면, 이를 기준으로 삼고 이보다 늦은 속도로 나아가는 경우에는 티라인에 미치지 못할 것임을, 반대의 경우에는 티라인을 넘어갈 것임을 예측할 수 있다.

1980년대 초기부터 다수의 상위권 선수들이 스톱워치를 이용하여 딜리버리 이후 스톤이 이동하는 시간을 측정하기 시작했다. 이때 측정된 시간을 선수가 일반적으로 연습하던 곳과 비교하여 스톤 이동 시간이 상대적으로 짧은 경우에는 좀 더 낮은 힘으로 투구하여 스톤의 이동 시간을 늘리고자 했고, 더 긴 시간이 걸리는 경우에는 힘을 주어 투구함으로써 시간을 줄이고자 했다. 또한 컬링 경기에 선수들이 과학적인 접근을 시도하기 시작하면서, 선수들은 핵을 딛고 나와 스톤을 밀기 시작하는 순간부터 가까운 호그라인까지 도달하는 시간을 측정한 후, 측정된 시간을 통해 스위퍼는 스톤의 속도를 예측하고 스위핑의 여부를 결정하게 되었다. 이렇게 빙질을 시간과 속도란 기준을 통해 수치화하고 기록으로 남김으로써, 선수는 다양한 경기장에서 경기를 할 때에 이 자료를 웨이트의 정도를 결정하기 위한 기준으로 활용할 수 있다.

경기에 들어가기 전 스톤의 속도를 측정하는 가장 쉬운 방법은 상대편이 딜리버리시 스톱워치를 사용하는 것이다. 하우스에 가까운 쪽의 호그라인에 서서 상대편이 딜리버리한 스톤이 투구 지점과 가까운 호그라인을 넘어섰을 때 시간을 측정하기 시작, 반대편의 호그라인에 도달했을 때까지의 시간을 측정한다. 이때 측정된 시간은 현재의 빙질이 평소보다 스톤이 빠르게 이동하는지를 알 수 있게 해준다. 이 방법을 꾸준히 사용함으로써 자신이 주로 연습하는 경기장에서의 빙질을 수치화할 수 있고, 그 값을 다른 경기장에서의 수치와 비교함으로써 투구 시 어느 정도의 힘 조절이 필요한지를 알고 빠르게 경기장에 적응할 수 있다.

또한 빙질의 차이는 경기장 간 차이뿐 아니라 동일한 경기장의 시트 간 차이는 물론이고 동일한 시트 내에서의 경기 중에도 존재하므로, 경기 전반에 걸쳐 스톱워치를 꾸준히 사용함으로써 빙질이 경기 중 어떻게 변화하고 있는지도 파악할 수 있다.

다만, 드로우의 경우는 정확한 위치에 스톤을 갖다놓는 것이 중요하기 때문에 스톱워치를 통한 정확한 속도측정이 필요하지만, 필요한 힘 이상만 가진다면 웨이트의 중요성이 상대적으로 떨어지는 테이크아웃의 경우에는 정확한 속도를 알기 위해 스톱워치를 사용할 필요는 없다.

3) 스플릿(Split)

고급기술에 해당하는 스플릿은 두 개의 스톤을 한 번에 하우스 안으로 집어넣는 투구법이다. 투구하는 사람과 스킵과의 정확한 의사소통을 통해 원하는 지역으로 정확히 스톤을 이동 시킬 수 있어야 성공할 수 있다. 스킵은 쳐내고자 하는 스톤에 브러시를 한 번 갖다 댄 후 브러시를 스톤의 한 쪽 구석에서 다른 쪽으로 스톤이 움직이는 가상의 동작을 선수에게 보여줌으로써 스플릿을 지시할 수 있다.

만약 우리 편이 하우스 바로 바깥에 위치한 스톤을 하우스 안으로 집어넣고자 할 때, 선수는 스톤의 1/4 이하에 해당하는 부분을 맞춤으로써 자리 잡고 있던 스톤과 투구한 스톤 모두를 하우스 안에 가져다 놓을 수 있다. 따라서 선수는 자리 잡고 있는 스톤을 얼마나 세게, 어느 정도의 면적을 쳐내야 두 스톤 모두 하우스로 들어가는지를 알기 위해 꾸준한 노력을 필요로 한다. 만약 너무 넓은 면적을 쳐낸다면(자리 잡고 있는 스톤과 두껍게 부딪친다면) 투구한 스톤은 그 자리에 남은 채 기존에 있던 스톤만 하우스 안으로 들어갈 것이며, 너무 적은 면적을 쳐 낸다면(자리 잡고 있는 스톤과 얇게 부딪친다면) 기존에 있던 스톤은 옆으로 밀려나고 투구한 스톤만 하우스에 들어갈 것이다. 또한 투구한 스톤과 기존에 있던 스톤 모두를 움직여야 하기 때문에, 목표로 하는 지점에 투구할 때의 웨이트는 드로우보다 조금 더 높은 수준을 필요로 한다.

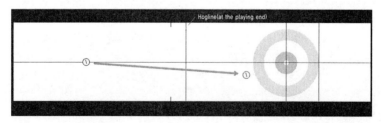

그림 42-1. 스플릿(Split)

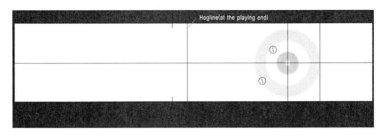

그림 42-2. 스플릿(Split)

4) 런백(Run-Back)

런백 또한 정교함이 요구되는 투구이다. 런백이란 앞에 선점해있는 스톤을 맞춰서 그 스톤으로 하여금 하우스에 있던 스톤을 밖으로 내보내는 기술이다. 앞에 선점해있던 스톤이 상대방의 스톤이라면 그 스톤으로 더블 테이크아웃을 시도하는 방법이 더욱 쉽기 때문에 런백의 경우 선점해 있는 스톤이 우리 팀의 스톤이고 그 스톤을 이용하여 하우스 안쪽에 있는 상대 팀의 스톤을 맞추어 하우스 밖으로 보내는 투구이며, 테이크아웃을 할 때의 정도로 웨이트를 가한다. 런백에는 맨 먼저 어느 편의 스톤을 맞추느냐에 따라 두 번째 스톤을 밖으로 쳐낸 후 첫 번째 스톤의 움직임을 결정할 수 있는데, 만약 우리 편의 스톤을 맞추어 상대편의 스톤을 하우스 밖으로 쳐낸 뒤라면 우리 편의 스톤은 상대편의 스톤이 있던 위치에 머무는 것이 유리하다.

5) 레이즈(Raise)

레이즈 또한 런백과 유사한 종류의 투구이지만 처음 맞춘 스톤을 하우스 안에 머무르게 할 지지대 역할을 하는 스톤이 있는 런백에 비해 레이즈는 지지대 역할을 하는 스톤이 없으므로, 하우스 밖에 있는 스톤을 하우스 안으로 집어넣을 수 있는 있을 정도로만 웨이트를 가해야 한다는 점에서 차이가 있다. 또한 중앙선과는 거리를 두고 하우스 바깥에 자리 잡는 스톤을 하우스 정중앙에 보내는 경우도 있으므로 필요시에는 정면이 아닌 측면에서 스톤을 맞추는 앵글 레이즈 (Angle Raise) 를 구사해야 한다. 따라서 레이즈는 투구시 상당한 수준의 정교함을 필요로 한다.

이때 스톤이 서로 부딪쳐야 할 각도는 상황에 따라 다르지만, 어느 방향으로 현재 자리 잡은 스톤이 움직일 수 있고 또 얼마나 많은 거리를 움직이느냐에 따라 결정된다고 할 수 있다. 만약 현재 자리 잡은 스톤이 중앙선 위에 있고 스톤과 하우스 안의 가장 작은 원 사이에 진로를 방해하는 스톤이 없다면 단순히 스톤의 정면을 향해 레이즈를 하면 되지만, 현재 자리 잡은 스톤이 점차 중앙선과 하우스 중앙에서 먼 곳에 있을수록, 또 그 사이에 많은 스톤이 진로를 방해하게 된다면 레이즈를 할 수 있는 방법은 점차 복잡해진다.

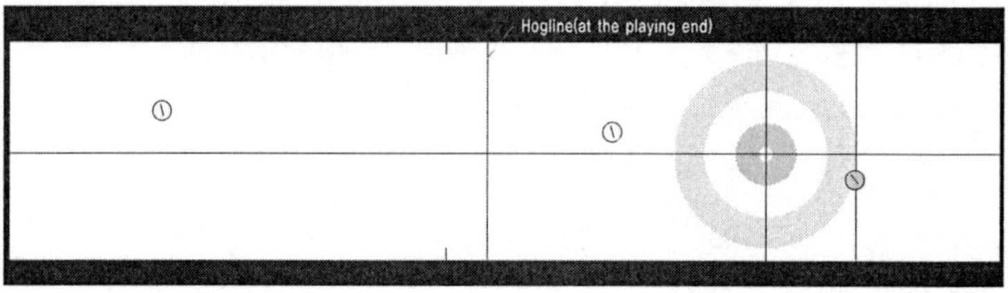

그림 43-1. 레이즈(Raise)

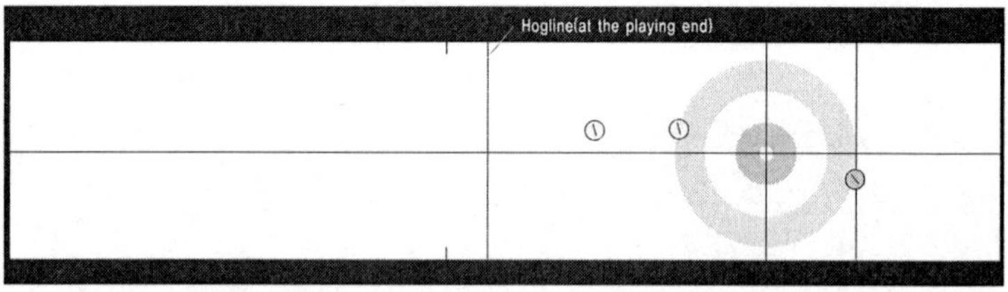

그림 43-2. 레이즈(Raise)

4. 쳐내기

1) 테이크아웃

정확한 웨이트가 중요시되는 드로우와는 다르게, 테이크아웃은 그 목표에 따라 다양한 웨이트로 투구가 가능하다. 기본적인 테이크아웃의 목표는 경기장 안에 있는 스톤을 밖으로 쳐내는 것이지만, 웨이트의 차이에 따라 자리 잡고 있는 스톤을 가볍게 경기장 밖으로 밀어낼 수도 있는 반면 부딪칠 때 큰 소리를 내며 스톤을 멀리 쳐낼 수도 있다.

한편, 상대편의 스톤을 쳐내는 데 사용된 스톤(Shooter라고 부른다)을 이전 스톤이 있던 자리에 머무르게 하는 경우도 있고, 다른 자리에 위치하도록 유도할 수도 있으며 아예 경기장 밖으로 내보낼 수도 있다. 스킵은 이 스톤을 어떻게 할 것인가에 대해 항상 염두에 두고 이를 딜리버리하는 선수에게 전달해야 한다.

2) 핵 웨이트 테이크아웃(Hack-weight Takeout)

다른 테이크아웃에 비해 약한 힘으로 딜리버리를 함으로써 가드 뒤의 스톤을 쳐내기 위해 휘어져 나아가도록 하거나, 스톤을 쳐내는 데에 사용된 스톤이 경기장 속에 남아 있도록 할 때 많이 사용한다. 핵 웨이트는 이름에서 알 수 있는 것처럼 투구된 스톤이 반대편 핵에 도착할 수 있는 정도의 세기로 투구된 속도를 말한다. 많은 수의 스톤이 경기장 내에 자리 잡고 있을 때 주로 사용되는 테이크아웃이다. 선수가 핵 웨이트 테이크아웃으로 투구하도록 하기 위해 스킵은 먼저 브러시를 핵 위에 갖다 대고, 쳐내고자 하는 스톤에 브러시를 갖다 댄 뒤 라인을 브러시로 지정함으로서 선수에게 알려줄 수 있다. 드로우 샷처럼 투구된 스톤이 테이크아웃 시킬 스톤의 어느 부분에 맞아야 하는지 계산을 정확히 한 후 스위퍼와 스킵의 의사소통을 통해 스톤의 속도를 제어하여 성공률을 높일 수 있다.

3) 힛 앤드 롤(Hit and Roll)

힛 앤드 롤은 스톤을 쳐내고 난 뒤의 스톤이 경기장 내의 다른 곳에 위치하도록 하는 테이크아웃이다. 이 테이크아웃을 하기 위해서는 목표로 하는 상대방의 스톤의 일부분만 빗겨 맞추는 것이 중요하다. 더 넓은 면적을 맞출수록 선수가 던진 스톤의 테이크아웃 후 이동 거리는 짧아진다. 선수가 힛 앤드 롤로 투구하도록 하기 위해 스킵은 먼저 쳐내고자 하는 스톤에 브러시를 갖다 댄 뒤 지금 선수가 딜리버리하려는 스톤이 도달하길 원하는 부분을 브러시로 가리킨다. 힛 앤드 롤을 성공시키기 위해서는 스킵에게 스톤과 얼마나 넓은 면적에 맞닿아서 얼마나 강한 힘으로 쳐내는 지에 대해 정확히 예상할 수 있는 능력을 필요로 한다.

4) 노즈 히트(Nose Hit)

노즈 히트는 다른 테이크아웃 종류 중에서 그나마 웨이트가 중요하지 않은 테이크아웃 중 하나이다. 현재 자리 잡고 있는 스톤의 정면(Nose라고 부른다)을 정확히 쳐냄으로써 딜리버리에 사용한 스톤을 이전 스톤이 있던 자리 바로 앞에 그대로 멈추도록 하는 것이 이 투구의 목표이다. 선수가 노즈히트(Nose Hit)로 투구하도록 하기 위해 스킵은 먼저 쳐내고자 하는 스톤에 브러시를 갖다 댄 후 브러시로 스톤 앞을 가리킨다. 또는 스톤에 브러시를 갖다 댄 후 코에 손을 갖다 대는 방법으로도 선수에게 노즈 히트를 요구할 수 있다. 테이크 앤 스테이(Take & stay)라고 부르기도 한다.

5) 필(Peel)

필은 자리 잡고 있는 상대팀의 스톤 뿐 아니라 이를 쳐내는 데 사용하는 스톤 또한 경기장 밖으로 쳐내는 테이크아웃이다. 자리 잡고 있는 스톤의 극히 일부를 빗겨 맞춤으로써 상대편의 스톤과 딜리버리에 사용된 스톤을 밖으로 내보낼 수 있으며, 우리 팀이 앞서고 있을 때 이를 유지하기 위해 전략적으로 사용하는 테이크아웃이다.

선수가 필로 투구하도록 하기 위해 스킵은 쳐내길 원하는 스톤에 브러시를 한 번 갖다 댄 후 빠르게 브러시를 경기장 바깥쪽으로 움직인다. 이때의 브러시 움직임에 따라 선수는 스킵이 원하는 웨이트의 정도를 이해할 수 있다.

6) 더블 테이크아웃(Double Takeout)

　두 개의 상대편 스톤을 한 번에 쳐내는 테이크아웃이다. 상대편의 스톤이 몇 개 있느냐, 그리고 얼마나 알맞은 웨이트와 라인으로 스톤을 던지느냐에 따라 동시에 3개, 4개를 쳐내는 것 또한 가능하다. 선수가 더블 테이크아웃으로 투구하도록 하기 위해 스킵은 스톤을 쳐낼 순서대로 브러시를 갖다 대고, 선수가 겨냥할 지점에 브러시를 세운 뒤 고정한다.

7) 런백(Run-Back)

　앞에서도 거론한바 있지만 런백이란 하우스 밖에 있는 스톤을 맞추어 하우스 안에 있는 상대편의 스톤을 하우스 밖으로 보내는 투구이며, 테이크아웃을 할 때의 정도로 웨이트를 가한다. 반면 상대편의 스톤을 먼저 맞춘 후 이를 이용해 하우스 안의 상대편 스톤을 쳐낸다면 두 스톤 모두 하우스 밖으로 나갈 수 있도록 하는 것이다. 한 번에 세 개의 스톤을 움직이는 만큼 경기장 내에 스톤이 많이 남아있는 경우에는 스킵이 수신호로 모든 내용을 지시하기 쉽지 않으므로, 런백을 하고자 하는 경우에는 대부분이 선수와 직접 대화를 나눔으로써 스킵의 의사를 전달한다.

　최근에는 빙판을 관리하는 기술이 향상됨에 따라 런백의 효과 또한 배가됨으로써, 과거와 비교하여 지난 몇 년간 런백의 사용 빈도가 급증하고 있다. 따라서 런백의 경우 우리 편의 스톤을 구역 안에 넣기로 할 수도 있고 쳐내기를 할 수도 있는 샷이다.

샷의 종류와 세기

강도	명칭
느림	핵 웨이트 테이크아웃(Hack-weight Takeout)
	힛 앤드 롤(Hit and Roll)
	노즈 히트(Nose Hit)
빠름	필(Peel)
	더블 테이크아웃(Double Takeout)

테이크아웃을 하는 방법

대부분의 선수에게 테이크아웃은 가장 쉬운 종류의 투구이다. 정확한 웨이트에 대한 부담감을 덜어 낸 채 라인에만 집중할 수 있고, 강한 힘으로 투구하기 때문에 드로우만큼 휘어나가지 않으므로 스킵의 입장에서도 빙질과 같은 다른 요소를 고려할 필요가 줄어듦으로써 투구 시 선수가 겨냥해야 할 지점을 보다 정확하게 예측해서 알려줄 수 있다.

하지만 테이크아웃이 웨이트에게서 완전히 자유로운 것은 아니다. 정확한 웨이트를 가지고 테이크아웃을 투구할 경우에는 단순히 스톤을 쳐내는 것을 넘어서 원하는 곳에 스톤을 가져다 놓음으로써, 팀에게 보다 긍정적인 방향으로 경기를 이끌어나갈 수 있는 요소로 작용하게 된다. 이렇게 여러 가지 방법의 테이크아웃의 샷을 모두 구사하려면 기본적으로 매우 빠른 속도의 샷을 구사할 수 있어야 한다. 여기서 주의할 점은 안정성과 정확성 모두 갖춘 상태의 자세를 유지하여야 하는데 그러지 못할 경우 성공률이 낮아져 테이크아웃 시켜야 하는 작전에서 다른 작전을 할 수밖에 없는 상황이 발생하게 된다. 특히 초보자의 경우 상당시간과 횟수의 연습이 필요하며 하체의 근력운동도 꾸준히 병행하여야 좋은 샷을 구사할 수 있는 능력을 갖출 수 있게 된다. 테이크아웃을 할 때 흔히 발생하는 실수는 지나치게 높은 웨이트로 테이크아웃을 시도하는 것이다. 스톤을 쳐내기 위해 강한 힘으로 던지기보다는 웨이트의 정도가 적당해서 스위퍼가 스톤의 움직임과 방향을 결정할 수 있는 경우가 가장 이상적인 형태의 테이크아웃이라 할 수 있다. 그러므로 선수는 꾸준한 연습을 통해 일반적인 수준의 테이크아웃에 알맞은 웨이트의 정도를 느끼고, 이때에 해당하는 힘을 매 딜리버리 때마다 일정하게 유지할 수 있도록 하는 것이 중요하다. 또한 스킵은 선수가 딱 알맞은 수준의 웨이트를 유지할 수 있도록 얼음의 상태를 빨리 분석해서 선수에게 알려주어야 한다.

5. 구역 안에 넣지 않기

컬링경기는 공격과 수비가 가능하기 때문에 1점이란 점수는 작전에 매우 큰 변수로 작용한다. 만약 동점인 상태에서 후공을 가지고 있는 팀이 득점할 수 있는 하우스에 스톤이 없도록 작전을 세워 스톤이 없을 경우 드로우를 성공시키면 결국 그 게임에서 이길 수 있기 때문에 구역 안에 스톤이 없도록 구역 안에 넣지 않기 위한 샷을 구사할 수 있다. 그 방법으로는 다음과 같은 분류가 있다.

패싱: 스톤이 인 플레이 되지 못하도록 의도적으로 스톤을 버리는 방법으로 하우스 밖으로 나가도록 투구하는 것

필: 하우스 안에 득점할 수 있는 상황의 우리의 스톤이 있더라도 이를 쳐내 하우스 안을 깨끗하게 만들어 우리 팀의 스톤과 상대팀의 스톤 모두 밖으로 나가도록 투구하는 작전

제6장
경기전략

컬링에서의 작전은 단순히 어떤 샷을 구사할 것인가를 고민하는 것이 아닌 참가한 대회에서 진행 중인 게임을 이번 엔드에 어떠한 상황으로 어떻게 전개할 것인가에 대한 틀을 만드는 것이다. 스포츠마다 그 정도는 다르지만, 전략 없는 스포츠는 존재하지 않는다. 컬링 경기 또한 마찬가지이다. 전략 없는 컬링은 단순히 스톤을 미끄러트리는 것에 불과하다. 그러나 스톤을 정확히 어디에 놓을 것인지를 계획하고 예상하는 것, 이것이 컬링의 전략이라 할 수 있다. 따라서 초보자 또는 유소년의 경우 샷의 성공률이 낮다면 상황에 따른 작전만 잘 세운다면 주도권을 빼앗기지 않으면서 경기를 운영할 수 있을 것이다.

앞선 내용을 통해 스톤을 어떻게 던지는지를 알 수 있지만, 스톤을 어디에 던지느냐는 이와는 전혀 다른 문제이다. 제 아무리 모든 스톤을 원하는 위치에 던질 수 있더라도, 애초에 목표로 하는 지점이 잘못되어 있었다면 결국 경기에서는 지게 된다.

1. 전략 이론

컬링 전략을 한 마디로 표현하자면, "어느 위치에 어떤 종류의 투구를 할 것인지 팀 차원에서 내리는 결정"이라고 할 수 있다. 그러나 특정 상황에서 발생하는 다양한 종류의 대안 중 알맞은 전략을 택하는 것은 단순한 선택을 넘어 경기의 승패 여부를 결정하기도 한다. 그렇기 때문에 컬링이때로는 얼음판 위에서의 체스라고 불리는 것이다. 우리 편이 특정 위치에 특정한 종류의 투구를 하고자 할 때 우리 편의 능력뿐만 아니라 상대편이 이후 어떠한 투구를 할지도 생각해 보아야 하며, 이에 맞게 목표 위치나 투구 종류를 수정하여 최고의 효과를 거둘 수 있도록 투구해야 한다.

좋은 전략은 언제나 정확한 투구를 바탕으로 이루어진다. 만약 딜리버리한 스톤이 하우스 한가운데에 들어갔을 지라도 원래 전략은 가드를 세우는 것이었다면, 지금 던진 투구는 전략적으로 잘못된 것이며 팀은 이에 맞게 전략을 수정해야 한다.

그러나 컬링 전략 이론을 익혔다고 해서 반드시 우수한 전략을 세울 수 있음을 의미하지는 않는다. 책에서 언급되는 이론은 이상적인 상황에서만 존재할 뿐, 일단 경기를 시작한 이후에는 다양한 상황을 맞이하게 되고 경기장마다 빙질도 다르며, 경기마다 하우스 안에 있는 스톤의 위치 또한 다르다. 따라서 이론을 그대로 적용하기보다는 상황에 맞는 전략과 전술을 찾아내야 한다. 예를 들어 빙질이 좋지 않아 스톤이 잘 나아가지 않는 특성을 가지고 있는 시트에서는 평소보다 큰 힘으로 샷을 하여야 하며, 평소 사용하던 시트보다 잘 휘어지는 시트에서 경기를 한다면 스위핑에 중점을 주는 방식으로 전략을 바꾸어야 한다. 이 단원에서는 컬링 경기 내에서 어떤 전략이 있는지를 소개하고 그 예시를 보여주고자 하지만, 이러한 전략은 이상적인 상황을 가정한 것일 뿐 현실의 전략은 필요에 따라 전혀 다른 방향으로 흘러갈 수 있음을 늘 염두에 두어야 한다. 따라서 컬링 전략 이론을 익히는 것과 이를 실제 경기에서 사용하는 것은 전혀 다른 문제이며, 실제 경기에서 발생하는 다양한 경우에 대처하는 전략을 익히기 위해서는 무엇보다도 직접 경기를 해 보며 실패와 성공을 반복하는 것이 중요하다.

그렇지만 컬링 경기를 하면서 꾸준히 맞이하는 상황 또한 존재한다. 투구 순서, 현재 점수 차이, 팀 별 경기 성향 등은 매 경기마다 다를 수는 있지만 반드시 겪게 되는 상황이므로 공통적으로 적용 가능한 전략 이론을 익히는 것은 경기를 풀어나가는 데 일종의 가이드라인이 될 수 있다. 주로 발생하는 상황은 다음과 같다.

- 후공일 때 : 우리 팀이 마지막 투구를 할 때
- 선공일 때 : 상대 팀이 마지막 투구를 할 때
- 우리 팀이 뒤지고 있을 때
- 우리 팀이 앞서고 있을 때
- 우리 팀이 공격적으로 경기할 때
- 우리 팀이 수비적으로 경기할 때

이 외에도 많은 것들이 있지만, 이 책을 통해 주로 다룰 내용은 위의 여섯 가지 상황이다. 단순히 우리 팀이 어떤 상황을 맞이하였는지를 이해할 뿐만 아니라 어떻게 경기를 풀어나가며 이때 스톤의 위치는 어떻게 결정할 수 있는지를 익히는 것이 이 단원의 목표라고 할 수 있다.

2. 작전선택의 4가지 요소

스톤의 위치를 결정하기에 앞서 다른 4가지 요소를 고려하여 전략을 도출해야 한다. 이런 요소들이 스톤의 움직임에 직접적인 영향을 미치지는 못할지라도, 경기 자체에는 영향을 미칠 수 있는 부분이기 때문이다. 네 가지 요소는 다음과 같다.

1) 우리 팀의 능력

우리 팀의 장점과 약점은 무엇인지를 확실히 인지하고 장점을 살려 경기를 풀어나갈 수 있어야 한다. 만약 우리 팀의 테이크아웃 능력이 뒤떨어진다면 테이크아웃 위주로 경기를 풀어나가서는 안 될 것이다. 또한 어떤 종류로 투구할 것인지, 그리고 어떤 방향으로 회전을 줄 것인지를 결정할 때 이상적인 투구를 요구하는 것도 중요하지만, 그것보다는 우리 팀이 잘 할 수 있는 것을 선택한다.

2) 상대 팀의 능력

상대팀의 장점과 약점을 고려한 후 우리 팀의 전략을 결정해야 한다. 만약 상대 팀의 약점이 현재 자리 잡고 있는 스톤을 잘 쳐내지 못하는 것이라면 우리 팀은 가드를 세우고 스톤을 그 뒤로 보내는 대신 먼저 스톤을 하우스 안에 보내고 그 이후 가드를 세우는 방법에서 이점을 얻을 수 있다.

3) 경기장의 빙질

빙질 또한 전략을 세우는 데 아주 큰 역할을 한다. 만약 스톤이 평소보다 더 잘 휘어져나간다면, 가드 뒤로 스톤을 보내는 드로우가 용하게 쓰일 수 있다. 또 평소보다 스톤이 움직이는 속도가 느리다면 정확한 웨이트를 요구하는 드로우보다는 상대방의 스톤을 쳐내는 전략을 선택하는 것이 효과적이다. 스킵과 선수는 최대한 빨리 빙질을 파악하고 어떤 투구가 알맞은지를 선택해야 한다.

4) 대회 대진 역학관계

대회에서 경기를 하다보면 상대방 팀의 전력이 우수하더라도 우리 팀이 심리 또는 팀워크가 우수해 이기는 경우가 있는 반면 우리 팀의 실력이 객관적으로 우수하더라도 매번 상대편에게 지는 팀이 있을 수 있다. 따라서 스포츠맨십에 따라 공정한 경기를 치러야 하겠지만 대회의 대진표를 보고 전략적으로 다음 상태가 시합하기에 쉬운 상대와 만날 수 있다면 진행 중인 경기에서 최선을 다해 이길 것인가 아닌가를 결정하여 전략을 세우는 것도 대회에서 좋은 성적을 이루는데 매우 중요하다.

3. 선, 후공

경기에서 먼저 득점하는 것이 그 경기의 흐름을 주도할 수 있는 매우 중요한 열쇠이다. 경기를 풀어나감에 있어 선취득점을 할 수 있는 후공을 선택하는 것이다. 경기에서 가장 큰 영향을 미치는 요소는 바로 우리 팀의 후공 선택 여부이다. 후공을 가지고 있는 팀에서는 충분한 여건이 조성되길 기다리면서 기회가 주어졌을 때 다량 득점을 할 수 있게 되고 기회가 주어지지 못하면 0:0 블랭크 경기로 유리한 기회가 주어질 때까지 기다린다. 계속해서 0:0으로 경기를 진행하다가 마지막 엔드(End)에서 경기를 1:0으로 종료할 기회를 잡을 수 있기 때문이다. 그렇기 때문에 경기 내의 모든 전략이 후공 여부를 바탕으로 결정된다고 해도 과언이 아니다. 후공이냐 선공이냐에 따라 경기의 목표 또한 달라지게 된다.

1) 우리 팀이 선공인 경우

우리 팀이 선공인 경우에는 1점을 위해 노력하는 것을 목표로 한다. 또한 경기장의 중앙선 주변 위주로 스톤이 자리 잡도록 경기를 진행한다. 상대 팀이 후공을 가지고 있기 때문에 마지막에 쉽게 득점할 수 있는 중앙을 비워두거나 스톤이 많지 않을 경우 상대방은 2점 이상을 득하지 못하면 0:0 블랭크를 시도하여 다음 엔드에서 다시 한 번 다량 득점을 시도하게 되는 것이다.

선공을 하는 팀은 후공을 하는 팀보다 수비적으로 경기에 임해야 한다. 이때 하우스 중앙을 점령하는 것이 수비적인 경기의 핵심이다. 중앙을 점령하기 위해 선공을 하는 팀의 첫 번째 투구는 대부분 가드를 목표로 하고 중앙선 위 하우스에 근접한 곳에 스톤을 던진다.

중앙에 가드를 세움으로써 우리 팀은 중앙에서의 주도권을 획득하고 이번 엔드를 승리로 이끌 확률을 높일 수 있다. 앞서 말했지만 컬링 경기는 하우스 중앙에 가장 가까이 스톤을 던진 팀이 승리하는 구조이므로 중앙을 점령한 팀이 그렇지 않은 경우보다 경기를 승리하는 경우가 많다. 따라서 중앙에 가드를 세운 후 우리 팀의 마지막 투구에서 가드를 피해 드로우를 하거나 레이즈를 통해 스톤을 한가운데로 보낼 수 있어 유리하다.

또한 프리가드 존 룰(Free Guard Zone Rule: 호그라인과 하우스 사이에 위치한 '프리가드 존'에 위치한 스톤은 4번째 스톤을 던질 때까지 경기장 밖으로 쳐낼 수 없는 규칙, 즉 4번째 스톤부터 테이크아웃이 가능함)로 인해 첫 번째 스톤으로 가드를 세웠을 때 그 다음 투구 때까지 상대방이 가드를 치울 수 없으므로 다른 스톤으로 가드를 세울 때보다 얻는 이점은 더 크다. 그렇기에 처음 스톤을 대부분 가드로 던지는 것이다.

이번 엔드에 선공을 하는 팀의 목표는 상대 팀의 마지막 투구가 우리 편보다 하우스의 한가운데에 가깝게 위치하지 못하도록 방해하는 것이다. 따라서 선공을 하는 팀은 스톤을 하우스 한 가운데에 던지고 가드를 세우는 방식으로 경기를 풀어나가는 경우가 대부분이다. 이를 통해 상대방이 하우스 중앙에 있는 스톤을 테이크아웃한 후 우리 팀보다 더 가까운 곳에 스톤을 드로우하는 것을 막을 수 있다. 상대방의 마지막 투구를 앞두고 하우스 중앙에 스톤을 위치시킨 후 가드를 세운다면 얼마나 상대방이 하우스 안의 스톤을 쳐내고 같은 자리에 자리 잡는 것이 어려워지는지를 알 수 있다.

선공을 하는 팀이 1점 이상을 득점하는 경우 이때에는 포인트를 뺏어온다(stealing a point)라고 표현한다. 그만큼 선공으로서 경기를 승리하는 것은 어렵지만 앞서 말한 전략을 착실히 따른 후 상대방이 마지막 투구를 실수한다거나 하는 행운이 함께 한다면 불가능할 것도 없다.

2) 우리 팀이 후공인 경우

우리 팀이 후공인 경우에는 2점 이상 득점하는 것을 목표로 한다. 또한 수비적으로 경기장의 가운데를 비워두고 경기장의 양 측면을 주로 사용하고 중앙선 주변에는 스톤이 자리 잡지 못하도록 경기를 진행한다. 만약 후공을 가지고도 먼저 중앙에 가드를 세워둔다면 선공을 가지고 있는 팀에서는 가드 되어있는 스톤을 이용하여 안정적인 샷을 할 수 있기 때문에 주의하여야 한다.

후공으로 경기에 참여한다는 것은 엔드를 마무리하는 마지막 스톤을 투구함을 의미한다. 이는 한 번의 투구로 경기 성패 여부를 결정할 수 있는 마무리에서 엄청난 이점을 가졌다고 할 수 있다. 마무리에서 뒤지고 있는 팀이 후공을 가지고 있는 경우, 마지막 투구를 하우스 한 가운데에 집어넣거나, 하우스에 상대 팀의 스톤을 쳐냄으로써 경기 결과를 뒤집을 수 있다.

한편 후공을 가진 팀은 마지막 스톤을 이용하여 2점 이상의 득점을 거두는 것을 목표로 해야 한다. 실제로도 마지막 스톤을 어떻게 활용하느냐에 따라 2점 이상을 득점하는 것이 가능할 정도로 큰 이점이 되는데다가, 이전 엔드에서 승리한 팀은 다음 엔드에서 선공을 하게 되므로 이전 엔드에서 1점밖에 득점하지 못한 경우에는 다음 엔드에서 상대 팀에게 많은 점수를 내줄 경우 결국 경기에서 뒤지는 결과를 초래하게 되므로 하나의 엔드가 아니라 하나의 경기에서 승리하기 위해서는 후공일 때 2점 이상을 득점해야 한다.

최고의 방법은 우리 팀이 던진 스톤을 서로 떨어뜨려서 하우스 안에 들어가도록 하는 것이다. 두 개의 스톤을 하우스 안에 집어넣을 때 한 개는 하우스의 왼쪽에, 다른 한 개는 하우스의 오른쪽에 자리 잡게 한다. 두 스톤이 어느 정도 거리를 두게 되면 상대방은 두 스톤을 동시에 쳐내는 더블 테이크아웃을 시도할 수 없으므로 둘 중 한 개만을 경기장 밖으로 쳐내고 그 위치에 자신의 스톤을 세우는 것이 차선의 전략이다. 만약 상대 팀이 어느 한 스톤을 밖으로 쳐내고 하우스 안에 자리 잡았다면, 우리 팀이 투구할 때 상대팀의 스톤을 다시 쳐내고 동일한 위치에 자리 잡는 투구를 경기가 끝날 때까지 지속한다. 그러면 결국 마지막으로 우리 편이 투구하면서 상대방의 스톤을 테이크아웃하게 되고, 두 개의 스톤을 하우스 안에 남김으로써 2점을 득점할 수 있다. 물론 이때에도 다양한 예외가 존재할 수 있지만 기본적으로는 상대방이 한 번에 두 개의 스톤을 쳐내지 못하도록 하우스의 다양한 지점을 공략하는 것이 이 전략의 핵심이라고 할 수 있다.

또한 경기장의 좌우를 활용하고 상대 팀에게도 경기장의 좌우로 던질 것을 유도함으로써 중앙선 주변에 스톤이 자리 잡지 못하도록 하는 것도 가능하다. 그렇다면 왜 중앙선 주변에 스톤이 자리 잡지 못하도록 해야 하는가?

컬링 경기에서 승리하기 위해서는 하우스에서 가장 가까운 곳에 스톤을 보내야하는 데에 그 이유가 있다. 하우스 한가운데까지 이르는 길에 스톤이 자리 잡지 못하도록 한 이후 마지막 스톤을 가운데로 던지면 어떤 식으로 경기가 진행되든지 간에 1점 이상의 차이로 승리할 수 있다. 만약 우리 팀이 진행할 때 상대 팀이 6개의 스톤을 하우스 안에 집어넣었고 우리 팀은 단 한 개의 스톤도 집어넣지 못했지만 하우스 한가운데까지 이르는 길에 스톤이 한 개도 없다면, 마지막 스톤 이상의 차이로 상대 팀을 역전할 수 있다. 그러나 만약 상대방이 6개의 스톤을 하우스 안에 집어넣었고 한 개의 스톤으로 하우스 바깥 중앙선 위에 가드라인을 세웠다면, 가드 간 득점하는 것은 쉽지 않으므로 패할 확률이 높아진다.

위와 같은 전략은 이상에 불과하고 실제로는 스킵의 지시와는 다른 위치에 투구를 하는 등의 변수가 늘 존재하므로 이들 또한 고려해야 한다. 그러나 이런 변수와는 상관없이, 후공을 하는 팀은 스톤을 중앙에서 벗어난 하우스 좌우로 보냄으로써 경기 양상을 그곳으로 이끌어야 한다.

4. 실전에서의 컬링 전략

지금까지 선, 후공 여부에 따른 두 가지 기본적인 전략에 대해 이야기해 왔다. 그러나 실제 경기에서도 이론을 그대로 적용시킬 수 있을까? 앞서 말한 이론을 실제 경기 중 겪게 될 다양한 상황에 알맞게 변형해 나가느냐가 실전 경기 전략의 핵심이다. 따라서 이론만을 익히는 것은 실전에 큰 도움이 되지 않음을 인지하고, 앞으로 언급할 다양한 상황과 각 상황에 알맞은 이론을 적용시켜 전략을 도출하는 과정을 숙지한 이후 실제 경기에 참여해봄으로써 컬링 전략을 완성하고자 한다.

컬링 경기는 후공을 하는 팀과 선공을 하는 팀이 서로 다른 전략을 가지고 경기에 임한다. 후공을 하는 팀은 경기장 한 가운데를 늘 열어두고 2점 이상을 득점하려 할 것이고, 선공을 하는 팀은 경기장 한 가운데의 주도권을 차지함으로써 1점을 득점하는 것이 목표이다. 두 팀의 목적을 동시에 달성할 수는 없으므로 결국 한 팀의 전략만이 성공한다.

두 팀의 전략이 서로 맞부딪치는 가운데 가능한 여러 대안 중 하나를 택하면서 전략을 수정해 나가는 것은 복잡하게 느껴질 수도 있지만, 한편으로는 불리한 상황을 뒤집을 수도 있단 면에서 흥미진진한 일이기도 하다. 다음은 양 팀이 총 4개의 스톤을 던졌을 때 발생 가능한 상황이다.

실전전략 예시

A팀이 선공, 검은색 스톤을 사용하며 B팀이 후공, 흰색 스톤을 사용한다.

첫 번째 투구 : A팀이 중앙선 위에 가드를 세운다.

두 번째 투구 : B팀은 프리가드 존 룰 때문에 A팀이 가드를 세운 스톤을 쳐낼 수 없으므로, 스킵 기준으로 하우스 왼쪽으로 스톤을 보낸다.

세 번째 투구 : A팀은 이제 여러 가지 대안 중 하나를 선택해야 한다. 공격적으로 경기를 풀어나가고자 한다면 가드를 피해 하우스 중앙으로 드로우를 하고, 방어적으로 경기를 진행시키고자 한다면 B팀의 스톤을 경기장 밖으로 쳐낸 후 투구한 스톤을 가드 뒤편으로 보낸다. 여기서는 B팀의 스톤을 쳐낸 후 하우스 가운데로 스톤을 보내는 힛 앤드 롤(Hit and Roll)을 선택했다.

네 번째 투구 : B팀은 A팀의 가드 때문에 하우스 가운데에 있는 스톤을 볼 수 없다. 이때 B팀 또한 여러 가지 대안 중 하나를 선택해야 한다. 드로우 능력이 우수하다면 스킵의 지시를 믿고 적당한 웨이트를 주어 투구하여 하우스 가운데에 있는 스톤을 쳐낸 후 하우스에 머무르도록 할 수 있고, A팀이 다시 가드를 세우지 않거나 가드를 세우지 못할 것을 기대하며 가드를 쳐낼 수도 있다.

5. 경기 주도권

경기 양상은 때로는 매우 빠르게, 또 자주 변하기 때문에 한정된 시간 속에서 주어진 상황에 알맞은 투구를 결정하는 것은 매우 어려운 일이다. 그렇기에 아래에서 언급할 전략인 상대방과의 점수 차이별 대처법 또한 특정한 상황에 바로 적용하는 것은 쉽지 않다. 그러나 이를 숙지하고 변형함으로써 경기를 풀어나갈 가이드라인으로는 충분히 활용 가능하다.

1) 우리 팀의 점수가 뒤지고 있을 때

경기에서 뒤지고 있는 팀에게 가장 필요한 것은 당연히 점수를 얻어 상대 팀을 앞지르는 것이다. 그러나 10엔드까지 경기가 진행되고 이론상 한 엔드에 득점 가능한 최고 점수는 8점이므로 현재 몇 엔드인가, 그리고 몇 점 차로 뒤지고 있느냐에 따라서도 전략이 달라진다.

2) 우리 팀의 점수가 이기고 있을 때

경기를 유리하게 풀어가고 있을 경우 한 엔드에서 줄 수 있는 우리 팀의 능력을 고려하여 상대방에게 줄 수 있는 최소대한의 점수를 계산하고 남아있는 엔드수를 곱하여 앞으로 어떻게 경기를 풀어나갈지를 전략을 세운다.

컬링운동의 기량을 향상시키기 위한 방법은 아래에 기술하는 세 가지가 있는데 그 기술 중 더 중요하고 덜 중요한 것이 없이 모두 중요하며 꾸준히 발달시켜야 경기력이 향상될 수 있도록 한다. 그러기 위해서는 팀이 어느 정도 수준 이상으로 올라가기 위해서 오랜 시간 실전 경기와 연습을 통해서 목표에 다가갈 수 있게 된다.

1. 개인의 능력

개인의 능력을 향상시키는 방법으로는 세 가지가 있는데 기술력, 체력, 심리적 향상을 통해 능력을 배양할 수 있다.

1) 기술력

컬링은 단체 종목이기 때문에 각자 자신의 역할과 임무를 충분히 수행할 수 있는 기술을 가지고 있어야 한다. 그중 가장 중요한 것은 스킵이 원하는 세기로 스톤을 보낼 수 있는 기술이 있느냐가 가장 주요하다고 볼 수 있다.

스킵과 선수는 얼마나 스톤을 강하게 미느냐에 따라 웨이트를 결정할 수 있다. 스킵이 강한 웨이트로(Big weight hit) 투구하기를 원한다면 이는 스톤을 빠르게 딜리버리함으로써 다른 스톤을 쳐내려는 목적임을 선수는 이해할 수 있으며, 반면 스킵이 적당한 수준의 웨이트로(draw weight) 투구할 것을 선수에게 요청한다면 선수는 스킵이 원하는 위치에 스톤을 보내는 정도의 웨이트로 딜리버리할 것이다. 특히 웨이트는 얼마나 멀리 나아가는지를 결정할 뿐만 아니라 스톤이 얼마나 곡선을 그리며 나아가는 지에 대한 정도 또한 결정하기 때문에 그 중요성이 더욱 크다고 할 수 있다. 즉 동일한 속도로 회전을 하더라도강한 웨이트를 가진 경우에는 상대적으로 약한 웨이트를 가진 경우에 비해 동일한 시간에 더 많은 거리를 나아가게 되므로, 높은 웨이트로 투구할수록 스톤은 휘어지는 정도가 덜한 채 원하는 위치를 향해 일직선으로 나아가게 된다. 또한 스위퍼의 경우 스톤의 방향과 속도가 스킵이 원하는 방향과 속도로 잘 진행하고 있는지 파악하는 능력이 있어야 한다. 스위퍼가 빠르게 진행하는 스톤을 천천히 가도록 할 수는 없지만 그 반대로 어느 정도 느린 스톤을 스위핑을 통해 원하는 지점까지 도달 할 수 있는지 많은 연습을 통해 빠르고 정확한 판단을 내릴 수 있도록 하여야 한다.

2) 체력

초보자들의 경우 기술력인 샷의 성공률이 더 중요하지만 시즌에 들어가면 선수들은 몇 주에 한 번씩 경기를 치르게 되는데 한 대회에서 짧게는 2~3경기 길게는 2~3일 이상을 경기를 참여하게 된다. 한 경기에 시간은 10End를 해야 하기 때문에 2시간~3시간 소요되지만 준비하는 시간과 중간 휴식시간 작전타임 시간을 포함하면 한경기를 끝내는 데는 보통 4시간정도가 소요된다고 볼 수 있다. 대진표에 의해서 하루에 2번 정도 경기를 할 수도 있는데 그런 경우에는 경기와 경기 중간의 시간이 없이 바로 진행되는 경우도 있기 때문에 비시즌에는 체력 향상을 위한 웨이트 트레이닝은 필적이다. 특히 리드와 세컨의 경우 써드와 스킵에 비해 스위핑을 많이 하기 때문에 유산소 운동 능력도 비시즌 동안 미리 향상시켜 시즌을 준비하여야 한다.

2. 팀워크

팀 내 작전을 주도하는 사람은 스킵이지만 빙질의 판단과 투구자의 섬세한 부분까지 정확히 체크하기란 어렵다. 그렇기 때문에 스위퍼는 투구자의 세밀한 투구 동작과 스킵이 목표하는 위치까지 잘 투구 되었는지는 투구자와 스위퍼가 스킵에게 알려주어야 한다. 그리고 투구자와 스위퍼는 스킵이 지시하는 타켓이 스톤이 도달하는 지점에 도달할 수 있는 방향인지 예측하고 서로 의견을 나누어야 한다. 경기에서 주도권을 가지고 있거나 이기고 있을 경우에는 팀워크가 잘 이뤄지고 상호 협의가 원활하지만 팀이 지고 있거나 주도권을 빼앗기고 있는 상황에서는 전술을 바꾸거나 팀 분위기에 변화를 주어야 하는데 서로의 의견이 다를 경우 팀워크가 깨어 질 수 있다. 팀을 이끌고 있는 스킵은 경기를 이끌어가는 상황에서 많은 부담감을 안고 경기를 진행할 수밖에 없지만 심리적으로 부담을 덜 느끼는 써드의 경우 스킵을 보조하여 팀워크를 유지하고 위기를 극복하여야 한다.

3. 신호

스킵이 멀리 떨어져있는 선수에게 어떠한 종류의 투구를 원하는지를 알리기 위해 손을 이용하거나 브러시를 이용하여 신호를 보낸다. 이들 중 몇몇 신호는 일반적으로 널리 통용되는 경우도 있지만, 몇몇 신호는 특정 팀 내에서만 통용되기도 한다.

그림 44-1. 스킵이 원하는 샷 방향   그림 44-2. 스킵이 원하는 목적지

1) 드로우(Draw)

먼저 스톤이 도달하기를 원하는 지점을 브러시로 한 번 가리킨 후 선수가 목표로 겨냥하게 될 지점에 브러시를 고정한다.

2) 테이크아웃(Takeout)

먼저 하우스 밖으로 쳐내길 원하는 스톤에 브러시를 갖다 댄 후 선수가 겨냥하게 될 지점에 브러시를 고정한다. 테이크아웃은 때로는 우리 편의 스톤을 쳐내기도 하지만, 대부분의 경우가 상대편의 스톤을 밖으로 쳐내는 것이 목표이므로 선수가 쉽게 딜리버리의 방향을 정할 수 있도록 정확한 라인을 지시해주는 것이 중요하다.

3) 레이즈(Raise)

먼저 하우스 안으로 보내고 싶은 스톤을 브러시로 갖다 댄 후 스킵의 가슴 부위를 가로지르도록 브러시를 잡은 후 현재 놓여있는 스톤이 움직이길 원하는 거리만큼 양 손을 벌린다. 또는 하우스 안으로 보내고 싶은 스톤에 브러시를 갖다 댄 후 이 스톤이 도달하기 원하는 위치를 다시 한 번 브러시로 가리킨다.

4) 스플릿(Split)

먼저 현재 자리 잡고 있는 스톤에 브러시를 한 번 갖다 댄 후 하우스 안의 두 개의 지점을 브러시로 가리킨다. 각 지점은 현재 자리 잡고 있는 스톤과 현재 딜리버리하는 스톤이 도달하길 원하는 지점을 뜻한다.

5) 프리즈(Freeze)

현재 자리 잡고 있는 스톤 중 하나의 바로 앞부분의 얼음 위에 브러시를 고정한다(프리즈란 현재 자리 잡고 있는 스톤의 정확히 바로 앞에 현재 투구하는 스톤을 위치시키는 것이다).

6) 일반적으로 사용하는 수신호

초보자들에게는 인턴 또는 아웃턴 중 어느 방향으로 스톤을 회전 시킬지에 대해 알려주는 수신호를 보내주어야 한다. 만약 선수가 오 른손잡이일 때 스킵이 왼손을 들면 이는 스톤이 반시계 방향으로 회 전하는 아웃턴을 의미하고, 반대로 스킵이 오른손을 들면 이는 스톤 이 시계방향으로 회전하는 인턴을 의미한다. 즉 선수가 바라보는 스 킵의 몸을 기준으로 할 때 스킵의 손이 향하는 방향으로 스톤을 회전 시킨다.

그러나 점차 컬링 실력이 늘어간다면 스킵이 회전의 방향을 일일 히 지정해줄 필요 없이 선수 스스로 스킵이 지시하는 위치만을 가지 고 스톤에 주는 회전의 방향을 결정한다.

7) 팀 내에서 필요시 사용하는 수신호

경기장의 양 쪽 끝에 위치한 스킵과 선수 간의 거리가 꽤 있기 때 문에 경기 중 서로 소리치며 대화하는 것보다는 더 명확하고 사용하 기도 쉽기 때문에 필요에 따라 팀 내에서 수신호를 정해서 사용하는 경우도 있다. 이때 사용하는 수신호는 주로 스킵이 원하는 웨이트의 정도를 선수에게 전달하기 위한 경우인데, 스톤의 속도와 곡선을 그 리며 나아가는 정도는 반비례하기 때문에(스톤의 속도가 느릴수록 더 큰 곡선을 그리며 나아간다) 선수가 얼마나 큰 힘을 가해 투구할 것인지 우선 결정을 내려야만 그 힘에 따라 변화하는 커브의 정도를 반영하여 선수가 겨냥하고 투구할 목표 지점을 정확하게 알려줄 수 있기 때문이다. 대부분의 잘못된 투구가 선수와 스킵 간의 커뮤니케이션이 제대로 이루어지지 않을 때 발생하는데, 예를 들어 스킵이 선수에게 테이크아웃 웨이트로 투구할 것을 요구했으나 선수가 좀 더 낮은 웨이트로 투구한다면 스톤은 기대하던 것보다 더 휘어져 나감으로써 원하는 위치에 도달하지 못한다. 따라서 웨이트를 정확하게 전달하기 위한 수신호를 정하는 것은 선수와 스킵 간의 커뮤니케이션에 큰 도움이 된다. 각 신체 부위에 해당하는 웨이트의 정도를 정하고 특정 신체 부위를 가리킴으로써 선수에게 웨이트의 정도를 전달할 수도 있는데, 예를 들면 스킵이 손으로 자신의 어깨를 잡으면 이는 매우 큰 웨이트를 의미하고, 가슴 부분에 손을 얹으면 일반적인 테이크아웃 웨이트로, 복부에 손을 얹으면 좀 더 약한 웨이트로 투구할 것을 서로 정하고 경기 중에 활용할 수 있다.

위와 같은 방법을 통해 스킵은 브러시를 이용해 웨이트와 라인을 알려주고, 수신호를 이용해 보다 구체적으로 선수와 커뮤니케이션을 할 수 있다. 가장 중요한 점은 어떠한 방식으로든 상관없으니 스킵과 선수 간의 커뮤니케이션을 꾸준히, 확실히 함으로써 잘못된 정보가 전달되지 않도록 하는 것이다. 스킵의 수신호가 제대로 전달되지 못했다면 선수는 몇 번이고 반복해서 알려줄 것을 요청할 수도 있고, 때로는 경기장 중간에서 서로 대화를 나눔으로써 서로 무엇을 원하는지 명확히 알 수도 있다. 어떤 방법을 통해서든지 간에, 스킵이 무엇을 원하는지 선수가 정확히 알기 전까지는 함부로 투구하지 않도록 한다.

4. 스킵의 전략

　스킵은 이번 시즌의 목표를 설정하고 대회의 참가여부를 결정하고 어떤 대회에서 기량을 최상으로 끌어올려 대회에 참여할 것인지를 계획하여야 하고 중요하든 중요하지 않던 대회에 참가해서는 그 대회의 경기를 어떻게 풀어갈지 대진표를 보고 선수의 구성을 미리 계획여야 한다. 따라서 팀 내 선수들에게 시즌의 목표와 각 대회의 목표 현재 경기의 작전을 잘 알리고 준비하여 팀 내 선수들이 스킵의 전략을 잘 이해할 수 있도록 하여야 한다. 스킵은 팀 내 선수들의 기술능력, 체력과 팀워크도 알고 있어야 하지만 선수들 개개인의 심리적 상태까지 잘 파악하고 전략을 수립하여야 한다.

제8장
규칙

1. 심판

경기에는 한명의 주심이 지명된다. 그 주심은 경기규칙을 숙지하여 경기의 일반적 감독 및 분쟁을 조정한다. 주심은 심판의 결정에 대한 청원(Appeal)을 듣고 결정하며, 그의 결정은 최종적인 것이다. 컬링은 컬링정신에 있는 것처럼 지극히 숭고한 정신을 내세워 경기자에 대해서 컬러 자신에 의한 'self-judge'를 기본으로 한 신사적인 스포츠로서 행해져왔다. 이것이 심판이 별로 중요하게 인식되지 않았던 이유일 것이다. 그러나 세계 각국에서 경기인구가 증가하고 또 각종 경기대회가 개최되면서 시합이 과열화되고 룰을 지키지 않는 선수나 매너에 대해 관심이 낮은 경기자가 증가해왔다. 이 때문에 1970년대부터 컬링 선진국에서도 어떠한 대책을 세우는 것이 검토되어 왔다. 캐나다 컬링협회에서는 심판을 배치하고 위반 동작이나 위치 등에 대해서 체크 하도록 하고 심판 임무 매뉴얼을 작성했다. 그 후 세계컬링연맹에 있어서도 검토되어 현재는 이 심판 임무 매뉴얼을 가맹 국가들은 채용하고 있다. 일본에서는 1992년 9월에 "공인 심판규정"을 제정하고 이때 C급 심판은 시도컬링협회에서, B급과 A급 심판은 일본컬링협회가 계획적으로 양성강습회를 개최해 양성을 꾀하고 있고 각급 심판의 사후 연수에 대해서도 참가를 독려해 항상 심판 기술의 향상에 노력하고 있다.

1) 심판의 임무

컬링에 있어서 심판의 임무는 지극히 중요하고 신뢰와 책임위에서서 그 임무를 수행하지 않으면 안 된다. 따라서 심판에게는 다음과 같은 윤리, 도덕이 요구된다.

(1) 어떠한 때라도 공평해야 한다. 게임의 결과에 대해서 개인적 관심을 갖지 않는다. 또 어느 쪽 팀이 이기길 바란다거나, 이길 것 같다거나 등의 코멘트를 하지 않는다. 팀이나 게임에 경멸적인 발언을 하지 않는다.

(2) 게임 전에 음주하지 않는다.

(3) 모든 룰과 매너를 지킨다.

(4) 심판으로서 적절한 복장을 갖춘다.

(5) 심판장이 지시하지 않는 한 어떠한 플레이어와도 이미 기록되어져 있는 반칙에 대해서 말하지 않는다.

(6) 늘 연수를 게을리 하지 않고 임무 수행에 있어 모든 룰과 심판 임무에 관련된 대회 수순에 완전한 지식을 가진다.

(7) 심판의 임무는 공적 신뢰에 바탕을 두고 다른 심판에 대해서도

자신의 책임이 미치는 점에 대해서도 유의한다.

(8) 거만하거나 위압적이지 않게, 명확하게 그리고 공평하게 판정을 내리도록 노력한다. 또 판정에 대해서는 늘 룰에 따라 점수나 개인적인 관계나 관중의 동향 등에 좌우되지 않도록 노력한다.

(9) 어떠한 때라도 저질스런 언어나 속어를 삼가고 스포츠맨다운 태도로 임무를 수행한다.

(10) 컬링에 대한 충성과 헌신의 증명으로서 항상 반성하고 심판으로서 임무 수행 상에 수준을 높이도록 노력한다.

(11) 임무 수행에 있어 모든 심판 및 다른 대회 관계자와 좋은 관계를 만들도록 노력한다.

2) 심판의 역할

① 심판장
심판장은 전 룰의 준수와 아이스 구역의 총감독

(1) 링크 위의 모든 경기를 관리하고, 실행위원장 또는 그 이외 어떤 사람의 지휘도 받지 않는다(대회 운영에 관한 문제에 대해서는 실행위원장, 경기위원장과의 협의를 부정하는 것은 아니다).

(2) 모든 심판 임무 스태프를 대표해서 책임을 가지고 대회기간 중 심판 임무 스태프를 지휘한다.

(3) 플레이어, 컬링협회 임원, 매스컴 관계자, 애호자 등의 사람들로부터 존경 받는 태도를 갖추어야 한다.

(4) 항상 심판장으로서 알맞은 예의와 복장을 갖춘다.

(5) 특정 팀이나 플레이어에 대해서 편중된 행동을 취해선 안 된다. 사교의 범위 내에서의 관계는 상관없다.

(6) 경기 전에 경기장의 상태를 체크한다.
 ⓐ 백보드에는 충격흡수재가 붙어 있는가, 없는가?
 ⓑ 핵은 규정대로 설치되어 있고, 흔들림이 없고, 너무 높거나 낮지 않은가, 바른 각도로 설치되었는가?
 ⓒ 백라인, 티라인, 호그라인까지의 거리 또한 시트의 폭은 정확한가?
 ⓓ 센타홀이 정확하게 펀칭되어져 있는가 확인한다.
 ⓔ 컬링 메이져, 바이터 메이져의 유무와 정확하게 작동하는가를 확인한다.
 ⓕ 바이터 메이져를 사용하여 서클이 정확한가를 확인한다.
 ⓖ 사용할 스톤이 준비되었는가? 또 예비 스톤이 준비되어져 있는가 확인한다.
 ⓗ 스코어보드를 확인한다.
 ⓘ 각 시트의 하우스 구역에 있어서 조명과 반사광, 아이스 컨디션을 확인한다.

ⓙ 심판용 의자수와 배치를 확인한다.

ⓚ 선수 대기실, 심판 대기실, 화장실의 위치와 상황을 확인한다.

ⓛ 용지(라인업카드, 공식기록표, 반칙기록표, 타임기록표)를 확인한다.

ⓜ 작전판(수량, 자석의 수 등)을 확인한다.

ⓝ 무전기(수량, 이어폰, 조작, 이상의 유무)를 확인한다.

ⓞ 시계에 관하여 확인한다.

ⓟ 각 심판원의 인원수와 배치에 관해 확인한다.

ⓠ 필기 용구 등을 확인한다.

ⓡ 각 관계기관의 확인(의료기관, 매스컴 관계 등은 실행위원장, 경기위원장과 협의를 확인)한다.

(7) 전 심판 관계자에 따른 경기 전의 미팅(심판 미팅)을 심판장의 사회로 진행하고 다음 사항을 검토 확인한다.

ⓐ 경기 규칙을 확인한다. 특히 시합 시간의 제한, 엔드수의 제한, 타이브레이크 방법, 사용스톤의 결정 방법, 선공 후공의 결정 방법 등

ⓑ 각 심판의 역할과 배치에 대하여 부심판장이 2명 이상 있는 경우, 부심판장의 리더를 정한다.

ⓒ 그 외, 참가팀과의 경기 전에 행하는 미팅(팀미팅) 때의 사항을 정한다.

(8) 실행위원장 또는 경기위원장과 공동으로 경기 개시전의 팀미팅을 개최한다.

ⓐ 전 팀을 환영한다.

ⓑ 부심판장, 총괄심판의 소개를 한다.

ⓒ 유니폼을 체크한다.

ⓓ 경기 일정에 대해 설명한다.

ⓔ 경기 규칙에 의해 첫 번째 경고를 한다.

ⓕ 타이브레이크의 방법을 설명한다.

ⓖ 라인업카드의 제출처, 제출시간을 설명한다.

ⓗ 코인 토스 장소, 시간과 방법을 설명한다.

ⓘ 시합 전 연습시간, 방법 등에 대해 설명한다.

ⓙ 기타 전반적인 사항에 대해 질문을 받는다.

② 부심판장

(1) 심판장을 보좌하고 경기, 심판운영에 관여한다.

(2) 심판장에 사고가 있는 경우 심판장을 대행한다.

③ On ice 총괄 심판원

(1) 빙상에서 발생하는 모든 문제에 신속하고 정확하게 대처하는 책임을 가진다.

(2) 각 엔드 라인에 위치하는 총괄 심판은 모든 계측을 행한다.

(3) 스코어가 정확하게 표시, 기록되는가를 확인한다.

(4) 문제가 발생한 시트에 불려 갈 때는 그 시트의 On ice 심판과 상담해서 판단한다.

(5) 각 심판 사이에서 행해지는 모든 협의는 플레이어에게 들리지 않도록 해야 한다.

(6) 계측 시 어떤 스톤이 득점이 되는가 확인한다.

④ Hog Line 심판

(1) 호그라인에서의 반칙을 감시 기록한다.

(2) 호그라인 심판으로 그 게임의 결과나 플레이어에게 영향을 끼칠 가능성이 있는 위반을 감시할 중요한 위치에 있다.

⑤ On ice 심판

(1) 기본적인 역할은 감시하는 것이다.

(2) 스코어를 작성한다. 그러나 명확하더라도 쌍방의 스킵하더라 도부스킵에 의해 확인되어진 스코어를 기입하지 않으면 안 된다.

(3) 아슬아슬한 투구가 생길 것 같은 경우는 잘 보이는 곳까지 이동한다. 이 경우는 스톤의 주행하는 라인에서는 비켜서도록 주의한다.

(4) 팀으로부터 질문이 있는 경우 총괄심판에게 연락하고 무엇이 일어났는가 총괄심판에게 명확히 보고할 수 있도록 항상 준비

해 둘 것

(5) 게임 종료 후에 양 팀의 스킵으로부터 스코어카드에 사인을 받고 스코어카드와 기록표를 총괄심판에게 제출한다.

⑥ 계시 심판(Timer)

(1) 계시에 따라 각 팀이 가진 시간을 카운트한다.

(2) 게임의 진행이 잘 보이는 위치에 자리를 확보해 On ice, 총괄심판 등과 연락을 밀접하게 한다.

⑦ 공식기록표

(1) 라인업카드, 스코어카드 등을 체크하고 총괄심판에게 넘긴다.

(2) 게임 종료 후 총괄심판으로부터 라인업카드, 스코어카드, 반칙기록표 등을 넘겨받아 기록 누락 등을 체크하고 대회 기록으로 수록한다.

⑧ Section Chief

(1) 각 심판 section을 총괄해서 지휘한다.

(2) 각 section에 문제가 발생했을 경우 심판장에게 연락해서 그 해결에 협조한다.

3) 심판 판정

심판이 주간에 개입하지 않으면 안 될 논쟁이나 상황이 발생한 경우에는 다음 사항에 유의하여 민첩하게 행동하고 속히 판정을 내리지 않으면 안 된다.

(1) 상황의 파악: 심판은 정확하게 상황을 파악하고 민첩하게 판정을 내린다. 빨리 의사를 결정하고 행동을 수행하는 능력을 가지고 룰을 적용해서 정확하게 고려한 뒤에 판정을 내린다.

(2) 일관성: 모든 상황에 있어서 판정은 일관되지 않으면 안 된다. 일관성이란, 같은 상황에서는 같은 룰이 같은 해석에 기초하여 적용된다는 것이다.

(3) 성실: 모든 심판 임무는 성실해야 한다.

(4) 외적 영향을 받지 않아야 함: 심판은 외적 영향에 관계되지 않고 일관된 판정을 내리지 않으면 안 된다. 외적 영향에는 관중, 플레이어, 육체적 컨디션 등이 포함된다.

(5) 공평성: 무엇이 양 팀에 있어서 정당하고 공평한가? 룰 위반에 의해 한쪽 팀이 이익을 얻어서는 안 된다.

(6) 사소한 위반에도 지나치게 벌칙이 주어져 투구나 게임의 결과에 영향을 주는 것은 바람직하지 않다(호그라인 위반, 터치 스톤, 스위핑 위반, 사용 핵의 틀림은 사소한 위반이 아님).

제9장
컬링대회와 시즌

1. 국내대회

컬링은 실내 아이스 링크장에서 경기를 할 수 있는 종목으로 계절과 상관없이 대회가 가능하지만 동계종목의 특성상 겨울철에 시즌이 돌아온다. 국내에서 가장 큰 대회는 동계전국체육대회이라고 할 수 있는데 매년 2월 동계전국체육대회 기간 동안 컬링대회도 함께 치러진다. 그 밖에도 전국적 규모의 대회는 회장배전국컬링경기대회와 한국컬링선수권대회가 있는데 한국컬링선수권대회는 국가대표와 주니어 국가대표 선발전을 겸하고 있다. 동계올림픽 유치 분위기와 동계종목의 활성화를 위하여 경상북도지사배전국컬링대회, 전주전국컬링경기대회, 태백곰기전국컬링경기대회와 같은 오픈경기도 매년 주관하는 개최도시에서 실시되고 있다. 시즌의 시작은 회장배전국컬링경기대회 10월을 시작으로 한국컬링선수권대회 4월을 끝으로 한 해의 시즌이 마무리 되는데 전국적으로 컬링종목의 관심도가 높아져 참가팀의 수도 점차 늘어나는 추세이다. 제91회 전국동계체육대회는 2월1일~2월5일 5일 동안 전라북도 익산에서 전국에서 선발된 종별 61개 팀 300여명이 참여해 서로의 기량을 겨루었다.

대회명	장소	개최시기
회장배전국컬링경기대회	의정부	10월
경상북도지사배전국컬링대회	의성컬링센터	11월
전국동계체육대회	개최지	2월
전주전국컬링경기대회	전주화산실내빙상장	1월
태백곰기전국컬링경기대회	강릉국제실내빙상장	2월
한국컬링선수권대회 겸 국가대표선발전	개최지	4월

2. 국제대회

　국제대회의 경우 동계올림픽을 중심으로 세계가 하나의 큰 리그를 치러내는 과정처럼 보일 수도 있다. 그 이유는 동계올림픽을 참가하려면 세계챔피언십에서 동계올림픽 치러지기 3년 전간의 포인트를 합산해서 최종 10개의 참가국을 선발하는데 세계챔피언십을 참가하려면 소규모 지역의 우승자들이 모여 세계챔피언십의 출전 자격을 받기 때문이다. 따라서 동계올림픽에 참가한다는 것은 축구에서 월드컵에 참가하는 출전권을 부여받는 것처럼 쉽지 않은 일이다.

　세계 남·여 챔피언십의 경우, 미주지역 12개 남녀 팀과, 유럽, 아시아·태평양 지역나라들과 주최국은 자동 출전 되며 다른 지역 팀들에게도 자격을 주어진다. 다른 지역 팀들은 지역 챔피언십을 통해 선발된 나라들에 한해서 출전한다. 올림픽 출전 자격은 올림픽이 개최되기 전 3개의 챔피언십을 통해서 얻은 포인트로 결정된다. 유니버시아드 대회의 경우, 유니버시아드 대학 선수에 대한 국제대학 스포츠 연맹(FISU) 구성된 국제 multi-sport 이벤트입니다. "대학" 및 "올림피아드" 단어의 합성어로, 국제 스포츠 있는 유니버시아드이고, 문화 축제의 장이다. 동계 올림픽은 세계 대 축제이자 3대 스포츠 대회의 하나로써 4년마다 개회가 되며 올해는 2010년 캐나다

벤쿠버에서 열렸으며 다음 2014년 동계 올림픽은 러시아 소치에서 개최된다. 아시아ㆍ태평양 컬링 챔피언십의 경우, 우승팀에게는 World Curling Championship 출전 자격을 부여 받는다. 아시아ㆍ태평양 주니어 컬링 챔피언십의 경우, 우승팀에게는 World Junior Curilng Championship 출전 자격을 부여 받는다.

대회명	개최시기
① 세계남자선수권대회(Ford World Men's Curling Championship)	4월
② 세계여자선수권대회(Ford World Women's Curling Championship)	3월
③ 동계 유니버시아드	2월
④ 동계 올림픽	2월
⑤ 아시아ㆍ태평양 컬링 챔피언십(Pacific Curling Championship)	11월
⑥ 아시아ㆍ태평양 주니어 컬링 챔피언십(Pacific Junior Curling Championship)	1월

제 **10**장
대회규정 및 규칙

1. 세계선수권대회 규정(2016. 10. Ver.)

컬링의 정신(The Sprit of Curling)

컬링은 기술과 전통의 게임이다. 잘 던져진 샷은 보는 기쁨이며, 진정한 스포츠 정신이 배어 있는 컬링의 유구한 전통을 관전하는 것 또한 좋은 것이다. 컬러들은 이기기 위해서 경기를 하지만 결코 상대편을 얕보지 않는다.

진정한 컬러는 절대로 상대편에게 혼란을 야기 시키거나 다른 컬러로 하여금 최선을 다하는 경기를 하지 못하도록 방해하지 않으며, 비열하게 이길 바에는 차라리 지는 편을 택한다. 컬러는 고의적으로 경기 규칙을 어기거나 그 전통을 경시하지 않는다. 그러나 만약 어떤 컬러가 그렇게 의도와 달리 어긴 것을 알아 차렸다면 그는 그 위반을 알리는 첫 번째 사람이 될 것이다.

컬링 게임의 주목적은 선수들의 상대적 기술을 측정하는 것이지만, 컬링정신은 훌륭한 스포츠맨십을 비롯해 온화한 감정과 존경할 만한 품행을 요구한다. 이 정신은 경기 규칙의 해석과 적용은 물론, 모든 참가자들의 경기장 내외에서의 품행에도 영향을 주는 것임에 틀

림없다.

제정 과정(Review Process)

컬링의 규칙과 경기의 규정은 세계컬링연맹 경기&규정 위원회에 의해 매년 제정된다. 위원회의 위원들은 연맹 사무국에 규칙에 대해 5월 15일까지 서면으로 건의 할 수 있다. 그 제안은 WCF 연례 총회에서 논의되고 WCF 연례 정기 총회에서 투표하여 결정한다.

WCF MISSION STATEMENT

동계 올림픽/패럴림픽의 가장 인기 있는 팀 종목이 되기 위함

경기 − 플레이다운 시스템 출전자격 − 세계 남자 & 여자 세계선수권대회 출전자격 − 세계주니어컬링챔피언십(WJCC) 세계시니어컬링챔피언십(WSCC), 세계믹스더블컬링챔피언십(WMDCC) & 세계믹스컬링챔피언십(WMxCC) 아시아태평양컬링선수권대회(PACC) 유럽컬링선수권대회(ECC) 출전자격 시스템 − 미주 권역 최소 기준, 적격성 출전자격을 위한 타이브레이크 게임 강등을 위한 타이브레이크 게임 출전자격, 강등을 위한 타이브레이크 게임 플레이오프 시스템 쿼터 파이널 플레이오프 시스템 복장규정 용어사전

컬링의 규칙(Rules of Curling) 여기에서 제정된 규칙 및 규정은 모든 컬링 경기 혹은 대회에서 심판의 기준으로 사용된다.

경기 - 플레이다운 시스템 출전자격 - 세계 남자 & 여자 세계선수
권대회 출전자격 - 세계주니어컬링챔피언십(WJCC) 세계시니어컬링
챔피언십(WSCC), 세계믹스더블컬링챔피언십(WMDCC) & 세계믹스
컬링챔피언십(WM x CC) 아시아태평양컬링선수권대회(PACC) 유럽
컬링선수권대회(ECC) 출전자격 시스템 - 미주 권역 최소 기준, 적
격성 출전자격을 위한 타이브레이크 게임 강등을 위한 타이브레이
크 게임 출전자격, 강등을 위한 타이브레이크 게임 플레이오프 시스
템 쿼터 파이널 플레이오프 시스템 복장규정 용어사전

2. 컬링의 규칙(Rules of Curling)

여기에서 제정된 규칙 및 규정은 모든 컬링 경기 혹은 대회에서 심판
의 기준으로 사용된다.

R1. 시트(Sheet)

(1) 아이스 시트의 길이는 백보드의 맨 안쪽부터 45.720m(150ft.)이
며 넓이는 사이드라인의 맨 안쪽으로부터 최대 5m(16ft. 5in.)이
다. 이 공간은 선으로 그려지거나 경계물로 구분된다. 경기장의
크기가 이 규격에 맞지 않다면, 길이는 44.501m(146ft.), 넓이는
4.42m(14ft. 6in.)까지 축소할 수 있다.

(2) 각 시트의 끝은 사이드라인부터 사이드라인까지 다음과 같이 명
확하게 평행선으로 그려져야 한다.
   (a) 최대넓이 1.27cm(1/2in.)인 티 라인(tee line)은 라인의 센터
   가 링크 정 가운데로부터 17.375m(57ft.)에 위치한다.
   (b) 최대넓이 1.27cm(1/2in.)인 백 라인(back line)은 맨 바깥쪽

라인이 티 라인 센터로부터1.829m(6ft.)에 위치한다.

(c) 넓이 10.16cm(4in.)인 호그 라인(hog line)은 맨 안쪽 티 라인 센터로부터 6.401m(21ft.)에 위치한다.

(d) 최대넓이 1.27cm(1/2in.)인 센터 라인(center line)은 티 라인의 중심점과 만나야 하고 티라인의 중심점을 지나서 3.658m(12ft.)지점까지 표시된다.

(e) 길이 0.457m, 최대넓이 1.27cm(1/2in.)인 핵 라인(hack line)은 티라인과 평행하되 각 센터라인 끝 지점에 위치한다.

(f) 길이 15.24cm(6in.), 넓이 1.27cm(1/2in.)인 커터시 라인 (courtesy line)은 각각의 시트 양쪽, 호그 라인 바깥쪽 1.219m(4ft.)에 평행되게 위치한다.

(3) 휠체어 경기를 위해, 2개의 휠체어 라인(예를 들면, 울)을 센터라인에 나란하게 양편에 각각 설치가 되며 호그라인에서 가장 가까운 원의 외곽 끝 가장자리까지 연결이 된다. 각 휠체어 라인은 센터라인으로부터 0.475m(18in.) 거리에 있다.

(4) 센터 홀(티 tee)은 센터라인과 티 라인이 만나는 교차점에 위치한다. 티를 중심점으로 각 링크 끝에는 4개의 동심원이 위치하게 되며, 맨 바깥쪽 원부터 반지름 1.829m(6ft.), 1.219m(4ft.), 0.610m(2ft.)의 세 개의 원이 위치하고 가장 내부 원의 반지름은 최소한 15.24cm(6in.)이어야 한다.

(5) 두 개의 핵은 센터 라인의 양 편 핵 라인 위에 위치하는데, 센터 라인 중심에서부터 핵의 맨 안쪽까지는 7.62cm(3in.)이다. 각 핵

의 넓이는 15.24cm(6in.)를 넘지 못한다. 핵은 적당한 물질로 부착되어야 하며 그 물질의 안쪽 가장자리는 핵 라인 안쪽 가장자리에 위치해야 한다. 따라서 핵은 핵 라인 앞으로 20.32cm(8in.) 이상 확장되어선 안 된다. 만약 핵이 아이스면 아래로 가라앉은 경우에는 그 깊이가 3.81cm(1.5in.) 이상이 되지 않아야 한다.

R2. 스톤(Stone)

(1) 컬링 스톤은 원형으로, 둘레는 91.22cm(36in.), 높이는 11.43cm(4.5in.)가 넘지 않아야 하고 무게는 핸들과 볼트를 포함하여 17.24kg~19.96kg이어야 한다.

(2) 각 팀은 핸들색깔이 동일하고 개별 육안식별이 가능하게 표시된 8개가 한조인 스톤을 사용한다. 만약 스톤이 경기하기에 부적합하게 손상을 입었다면 예비 스톤이 사용된다. 예비 스톤이 없다면 해당엔드에 투구되었던 스톤을 다시 사용할 수 있다.

(3) 만약 스톤이 경기 중에 깨졌다면, 그 팀은 "컬링의 정신"에 따라 스톤이 어디에 놓여야 하는지 결정해야 한다. 결정을 하지 못했다면 마지막 엔드를 다시 경기해야 한다.

(4) 움직이는 중에 굴러 넘어지거나, 혹은 옆으로 쓰러지거나 엎어진 상태로 정지한 경우는 바로 경기에서 제외한다.

(5) 투구 중에 핸들이 스톤에서 완전히 분리된 경우, 투구 자는 그 경

기상태를 유지하거나 투구 중 움직여진 스톤을 사고가 발생하기 전 있던 자리에 위치시킨 후 재 투구를 하는 것 중 하나를 선택할 수 있다.

(6) 플레잉 엔드 쪽의 호그라인 내부 가장자리 안쪽에 미치지 못한 스톤은 즉시 제거되어야만 하나, 다른 스톤과 부딪힌 경우는 예외이다.

(7) 백라인을 명확히 지나서 정지한 스톤은 바로 플레이에서 제거한다.

(8) 사이드 분리대나 사이드라인에 닿은 스톤은 바로 플레이에서 제거되고 바로 옆 시트를 들어가는데 예방되어야 한다.

(9) 스톤은 그 엔드의 최후의 스톤이 정지하기 전까지는 눈으로만 계측하지만 한 엔드의 두 번째, 세 번째, 또는 네 번째 스톤을 경기하거나 혹은 경기 전에 스톤이 인 플레이인지 또는 스톤이 하우스 내에 있는지 프리가드 존(FGZ)에 있는지 여부를 결정하는 경우는 예외이다.

(10) 팀은 스톤의 개조 또는 스톤에 어떤 물건을 올려놓는다거나 붙이는 따위의 행위를 해서는 안 된다.

R3. 팀(Teams)

(1) 팀은 4명으로 구성된다. 각 선수는 각 엔드마다 연이은 순서로 두 개의 스톤을 투구하며, 각 스톤은 상대 선수와 번갈아 투구한다.

(2) 투구 순서와 스킵과 바이스 스킵의 포지션을 경기 시작 전에 신고해야 하며(d)(iii)에 따라 경기 내내 지켜져야 한다. 교체 선수가 들어온 경우가 아니라면, 신고한 투구 순서나 포지션을 고의로 변경할 수 없다. 변경한 팀은 몰수 패를 당하게 된다.

(3) 만일 선수가 시합 전에 도착하지 않았거나 선수의 행방을 모른다면 팀은 다음과 같이 할 수 있다.
  (a) 나머지 세 명으로 경기를 시작한다. 처음 두 명의 선수는 세 개의 스톤을 투구하고 세 번째 선수는 두 개의 스톤을 투구한다. 늦게 온 경기자는 그 시합의 다음 엔드부터 자신의 본래 포지션에 들어갈 수 있다.
  (b) 등록된 후보 선수로 게임을 시작한다.

(4) 시합 중 선수가 시합을 계속하지 못하게 되는 상황일 때 팀은 다음과 같이 할 수 있다.
  (a) 해당 엔드에서 팀의 결정된 딜리버리 순번 가운데 복귀 선수의 두 개의 스톤을 딜리버리 할 수 있다는 조건에 따라 경기를 떠났던 선수가 언제든지 다시 입장할 수 있다면, 나머지 세 명의 선수로 경기를 계속할 수 있다.
  (b) 등록된 후보 선수를 참가시킬 수 있다. 이때에는 딜리버리 로

테이션 순서와 스킵이나 바이스스킵의 순서가 바뀔 수 있으며 교체된 선수는 그 게임 경기를 위해 다시 들어올 수 없다.

(5) 팀은 한 엔드에서 스톤을 투구하는 선수가 3명 미만이어선 안 되며 모든 건수는 각 엔드마다 할당된 스톤을 딜리버리 한다.

(6) 후보 선수가 허용되는 대회는, 단 한 명의 선수만 등록할 수 있고 경기에 출전할 수 있다. 만약 위반사항이 있다면 위반한 팀은 몰수 패 당하게 된다.

(7) 만일 한 선수가 정해진 스톤을 투구한 이후 두 번째 지정된 스톤을 투구 할 수 없게 된다면 남은 엔드동안 다음의 방법을 따른다. 만약 그 선수가

(a) 첫 번째 선수라면 두 번째 선수가 투구한다.

(b) 두 번째 선수라면 첫 번째 선수가 투구한다.

(c) 세 번째 선수라면 두 번째 선수가 투구한다.

(d) 네 번째 선수라면 세 번째 선수가 투구한다.

(8) 만일 한 엔드에서 투구할 차례가 된 선수가 엔드동안에 할당 된 두 개의 스톤 모두를 투구하지 못할 경우 남은 엔드동안 다음의 방법을 따른다. 만약 그 선수가

(a) 첫 번째 선수라면 두 번째 선수가 세 개의 스톤을 투구하고 세 번째 선수가 세 개의 스톤을, 그리고 네 번째 선수가 마지막 두 개의 스톤을 투구 한다.

(b) 두 번째 선수라면 첫 번째 선수가 세 개의 스톤을, 세 번째 선

수가 세 개의 스톤을, 그리고 네 번째 선수가 마지막 두 개의
스톤을 투구한다.

(c) 세 번째 선수라면 첫 번째 선수가 세 번째 선수의 첫 번째 스
톤을, 두 번째 선수가 세 번째 선수의 두 번째 스톤을, 그리고
네 번째 선수가 마지막 두 개의 스톤을 투구한다.

(d) 네 번째 선수라면 두 번째 선수가 네 번째 선수의 첫 번째 스톤
을, 세 번째 선수가 네 번째 선수의 두 번째 스톤을 투구한다.

R4. 선수의 위치(Position of Players)

(1) 투구하지 않는 팀

(a) 선수가 투구를 하는 동안에는 사이드라인과 커터 시 라인 사
이에서 움직이지 않는다. 그러나

ⓐ 스킵이나 바이스 스킵은 플레이 엔드의 백라인에 서 있을
수 있지만 투구하는 팀의 스킵이나 바이스 스킵의 위치 선
택을 방해해서는 안 된다.

ⓑ 다음에 투구해야 할 선수는 엔드 중에 링크의 사이드나 핵
의 뒤에 있을 수 있다.

(b) 투구하지 않는 팀의 선수들은 투구하는 팀에게 방해되는 어떠
한 동작이나 위협이 되는 행동, 충돌 행위 또는 집중을 해치는
어떠한 행위도 해서는 안 된다. 만일 이런 행동이나 간접적인
방해 행위가 투구 중 벌어졌다면, 투구한 선수는 해당 플레이
를 그냥 두거나 움직여진 스톤을 방해 행위가 있기 전의 자리
로 옮긴 후 다시 스톤을 투구할 수 있다.

(2) 투구하는 팀

   (a) 스킵이 딜리버리 하는 순서 또는 스킵이 아이스에 없을 때, 스킵 또는 바이스 스킵에게 하우스에 대한 책임이 주어진다.

   (b) 하우스의 책임자가 된 선수는 팀이 투구를 하는 동안 최소한 한 발(혹은 한 바퀴)을 호그라인 안이나 자신의 팀 시트의 플레잉 엔드 쪽 아이스 위에 위치할 수 있다.

   (c) 하우스 책임자가 아니거나 스톤을 투구하지 않는 선수들은 스위핑을 한다.

   (d) 어떤 선수라도 부적절한 위치에 있었다면 투구된 스톤을 해당 플레이에서 빼고, 해당 위반 행위가 발생하기 전 자리에 상대 팀 쪽에서 스톤을 놓는다.

R5. 투구(Delivery)

(1) 사전에 결정되거나 Last Stone Draw(LSD)에 의해 정해지지 않는 한, 어느 팀이 첫 번째 엔드에서 먼저 투구를 할 것인지는 코인토스로 정할 수 있다. 이 경기순서는 가장 최근에 득점을 한 팀이 다음 엔드에서 첫 번째 스톤을 딜리버리 한 후에, 한 팀이 득점을 할 때까지 유지된다.

(2) 미리 정해져 있는 경우가 아니라면 첫 번째 엔드에서 처음 투구하는 팀은 스톤 핸들의 색깔을 선택할 수 있다.

(3) 오른손 투구 경기자는 센터라인 좌측의 핵에서 투구하고, 왼손 투구 경기자는 센터라인 우측의 핵에서 투구한다. 잘못된 핵에서

투구한 스톤은 바로 플레이에서 제외하고 그 스톤에 의해 움직여진 다른 스톤을 위반 행위가 발생하기 전 자리에 상대팀 쪽에서 원래대로 놓는다.

(4) 딜리버리 엔드에서 투구된 스톤은 호그라인에 도달하기 전에 확실히 손에서 릴리즈 되어야만 한다. 만일 그에 위반한 경우는 투구한 팀의 그 스톤은 플레이에서 바로 제외된다.

(5) 호그라인을 위반한 스톤이 즉시 제외되지 않고 다른 스톤과 충돌했을 경우에는, 투구된 스톤은 투구 팀에 의해 제거되고, 그 스톤에 의해 움직인 다른 스톤을 위반 행위가 발생하기 전 자리에 상대팀 쪽에서 원래대로 놓는다.

(6) 투구된 스톤이 티 라인(휠체어 컬링에서는 호그라인)에 닿았다면 해당 스톤은 인플레이 상태 혹은 투구된 것으로 간주한다. 스톤이 티 라인(휠체어 컬링에서는 호그 라인)에 닿지 않았다면 선수는 해당 스톤을 가져와 다시 투구할 수 있다.

(7) 모든 선수들은 자신의 차례가 왔을 때 반드시 투구할 준비가 되어 있어야 하고 이유 없이 경기를 지연시키는 행위는 허용되지 않는다.

(8) 만일 선수가 상대방의 스톤을 투구했을 경우에는 그대로 두되, 나중에 투구 팀의 스톤을 그 자리에 교체해 놓는다.

(9) 만일 선수가 투구 순서를 어겼을 때에는 그 실수가 일어나지 않은 것처럼 그대로 엔드는 진행된다. 순서를 잃은 선수는 그 팀의 마지막 스톤을 투구한다. 어떤 선수가 로테이션을 어겼는지 알 수 없다면 그 엔드의 첫 번째 스톤을 투구한 선수가 해당 엔드의 마지막 스톤을 투구한다.

(10) 만일 한 선수가 한 엔드에서 의도치 않게 많은 스톤을 투구했다면 그 엔드는 그대로 진행되며, 그 팀의 마지막 선수에게 할당된 스톤의 수는 줄어들게 된다.

(11) 팀이 같은 엔드에 두 개의 스톤을 연속적으로 투구했다면
    (a) 두 번째 스톤은 제거되고 그 스톤에 의해 움직인 다른 스톤을 위반 행위가 발생하기 전 자리에 상대팀 쪽에서 원래대로 놓는다. 실수로 투구를 한 선수는 그 엔드의 자기 팀의 최종 스톤을 재투구 한다.
    (b) 그 위반이 다음 스톤이 투구된 후에도 양 팀 모두 알지 못했다면 그 엔드는 다시 하게 된다.

R6. Free Guard Zone(FGZ)

(1) 플레잉 엔드에서 하우스 바깥의 티 라인과 호그라인 사이에 위치하게 된 스톤은 FGZ(Free Guard Zone)이라고 불리는 공간에 있는 것으로 간주한다. 또한, FGZ에 있는 스톤과 충돌한 후 호그라인 앞 혹은 걸쳐있는 스톤들 또한 FGZ에 있는 것으로 간주한다.

(2) 만일 한 엔드의 다섯 번째 스톤이 투구되기 전에 직접적이건 간접적이건 딜리버리 된 스톤으로 인해 상대의 스톤이 FGZ 안에서 바깥으로 움직였다면 투구된 스톤은 투구자에 의해 제거되며, 그 스톤에 의해 움직인 다른 스톤을 위반 행위가 발생하기 전 자리에 상대팀 쪽에서 원래대로 놓는다.

R7. 스위핑(Sweeping)

(1) 스위핑 동작은 모든 방향으로 할 수 있으나(스톤의 폭 전부를 스위핑할 필요는 없다) 움직이는 스톤 앞에 잔해를 쌓이게 할 수 없으며 스톤의 한쪽에서 끝내야 한다.

(2) 정지된 스톤은 스위핑 하기 전에 움직여야만 한다. 딜리버리 된 스톤에 의해 움직인 스톤의 경우, 직접적이건 혹은 간접적이건 팀의 한 명 혹은 더 많은 사람들이 플레잉 엔드의 티 라인 앞에 위치할 수 있게 스위핑 할 수 있다.

(3) 하나의 딜리버리 된 스톤은, 플레잉 엔드에 있는 티 라인 앞의 어느 장소에 서나, 어느 한 선수 또는 그 이상의 선수에 의해 스위핑 될 수 있다.

(4) 선수들은 플레잉 엔드 티 라인 뒤쪽을 제외하고는 상대팀의 스톤을 스위핑 할 수 없으며, 플레잉 엔드 티 라인에 스톤이 도달하기 전까지는 상대팀 스톤에 대한 스위핑을 시작할 수 없다.

(5) 플레잉 엔드의 티 라인을 넘어선 스톤에 대해서는 각 팀의 한 선

수만이 언제든지 스위핑 할 수 있다. 이것은 투구 팀에서는 어떤 선수나 할 수 있지만 투구를 하지 않는 팀에서는 오직 스킵이나 바이스 스킵만이 할 수 있다.

(6) 티 라인을 넘어서면 각 팀에게 자기 팀의 스톤을 먼저 스위핑 할 수 있는 우선권이 주어지는데, 이때 상대방의 스위핑을 방해해서는 안 된다.

(7) 스위핑 위반이 발생하면 위반을 하지 않은 팀은 스톤이 멈춘 그 자리에 그대로 둘 것인지, 위반이 발생치 않았다면 위치했을 장소에 이동시킬 것인지 선택할 수 있으며, 모든 스톤이 영향을 받았다면 위반이 발생하지 않았을 경우의 장소에 위치할 수 있다.

R8. 움직이고 있는 스톤을 건드렸을 경우(Touched moving stones)

(1) 딜리버리 엔드 쪽 티 라인과 플레잉 엔드 쪽 호그라인 사이에서
  (a) 팀에 속한 선수들의 장비나 신체가 움직이는 스톤을 건드렸을 때 또는 터치에 의해 움직였을 때 건드려진 스톤은 그 팀에 의해 즉시 제거된다. 딜리버리 엔드의 호그라인에 도달하기 전에 딜리버리 하는 선수에 의하여 더블터치가 되었을 경우는 위반사항으로 간주하지 않는다.
  (b) 상대편의 신체나 장비 혹은 외부의 힘이 움직이는 스톤이 건드렸을 때 또는 터치에 의해 움직였을 때
    ⓐ 이미 투구된 스톤일 경우에는 다시 투구한다.
    ⓑ 투구된 스톤이 아닐 경우에는 그 팀의 스킵이 접촉이 없었

을 경우 정지했을 것이라고 생각되는 위치에 스톤을 놓는다.

(2) 플레잉 엔드 쪽 호그라인 안에서

  (a) 팀에 속한 장비나 신체로 움직이는 스톤을 건드렸을 때 또는 터치에 의해 움직였을 때, 모든 스톤은 그대로 움직이게 놔둔 후 상대팀은 다음 중에서 선택 할 수 있다.

    ⓐ 건드린 스톤을 제거하고 움직인 모든 스톤을 위반 행위가 발생하기 전 자리에 원래대로 놓는다. 혹은

    ⓑ 모든 스톤을 멈춘 자리에 그대로 놔둔다. 혹은

    ⓒ 접촉이 없었다면 정지했을 것이라고 생각되는 위치에 스톤을 놓는다.

  (b) 상대팀에 속한 장비나 신체가 움직이는 스톤을 건드렸을 때 또는 터치에 의해 움직였을 때 모든 스톤이 그대로 움직이게 놔둔 후, 상대팀의 접촉이 없었다면 정지했을 것이라고 생각되는 위치에 스톤을 놓는다.

  (c) 외부의 힘이 움직이는 스톤을 건드렸을 때 또는 터치에 의해 움직였을 때 모든 스톤을 그대로 정지하게 놔둔 후, 외부적인 힘이 없었다면 정지했을 것이라고 생각되는 위치에 스톤을 놓는다.

  만일 팀들이 동의하지 않는다면 모든 스톤을 위반 행위가 발생하기 전 자리에 원래대로 놓은 후 다시 투구한다. 만약 위반 행위가 발생하기 전 스톤이 원래 있던 자리에 합의를 보지 못했다면 해당 엔드를 다시 플레이한다.

(3) Last Stone Draw(LSD) Stones

(a) 만약 딜리버리 하는 팀의 한 선수가 움직이고 있는 스톤에 접촉하거나, 접촉하게 된 원인을 제공한 경우, 그 스톤은 제거되고 199.6cm(6 ft. 6.5in.)로 기록된다.

(b) 만약 딜리버리를 하지 않는 팀의 한 선수가 접촉을 하거나 접촉되게 된 원인을 유발한 경우, 그 스톤은 다시 딜리버리 하게 된다.

(c) 만약 외부의 물리력이 이동 중인 스톤에 접촉하거나 접촉의 원인을 제공한 경우 그 스톤은 다시 딜리버리 하게 된다.

(4) 만약 움직이는 스톤이 시트의 칸막이를 맞고 선수나 외부의 힘에 접촉할 경우, 딜리버리 하지 않는 팀이 합리적으로 고려하여 스톤이 접촉하지 않았을 경우 멈췄을 것이라 생각되는 장소에 스톤을 위치시킨다.

R9. 정지된 스톤의 이동(Displaced stationary stones)

(1) 경기의 결과에 아무런 영향을 주지 않을 스톤을 선수가 움직이거나 스톤이 움직이게 된 원인이 된 경우, 위반 행위가 발생하기 전 자리에 상대팀에서 원래대로 놓는다.

(2) 경기 결과에 아무런 영향을 주지 않는다고 판단된 스톤이 외부의 힘에 의해 움직인 경우 양측의 동의하에 위반 행위가 발생하기 전 자리에 원래대로 놓는다.

(3) 움직이고 있는 스톤의 경로에 어떤 변화를 초래했다고 생각되는

스톤이 투구 팀에 의해서 움직인 경우, 움직이고 있는 스톤은 정지하기까지 그대로 놔두고 상대 팀은 다음과 같은 선택권을 갖는다.

(a) 모든 스톤을 그대로 놔둔다. 혹은,

(b) 경로에 어떤 변화가 있었던 스톤을 플레이에서 빼고 위반 행위 이후에 움직인 모든 스톤을 위반 행위가 발생하기 전 자리에 원래대로 놓아둔다. 혹은,

(c) 스톤이 이동하지 않았다면 멈췄을 위치라고 합리적으로 생각하는 위치에 모든 스톤을 위치시킬 수 있다.

(4) 움직이고 있는 스톤의 코스에 어떤 변화를 초래했다고 생각되는 스톤이 외부의 힘에 의해 움직인 경우, 움직이고 있는 스톤은 정지하기까지 그대로 놔두고, 변화가 발생하지 않았을 때 멈췄을 것으로 생각되는 곳에 스톤들을 위치시킬 수 있다.

만일 팀들이 동의하지 않는다면 모든 스톤을 위반 행위가 발생하기 전 자리에 원래대로 놓은 후 다시 투구한다. 만일 원래 자리마저 동의하지 않는다면 엔드를 다시 시작한다.

(5) 시트 분리대에 맞고 튀어 나온 스톤으로 인해 제자리를 벗어난 스톤이 있다면, 해당 행위가 발생하기 전 자리에 상대팀 쪽에서 원래대로 놓는다.

(6) Last Stone Draw(LSD) Stones

(a) 만약 딜리버리 하는 팀의 한 선수가 심판의 계측을 완료하기 전에 정지된 스톤을 이동시키거나 이동하는 원인을 유발한다면 그 스톤은 제거되고 199.6cm(6ft. 6.5in.)로 기록이 된다.

(b) 딜리버리 하지 않는 팀의 선수가 심판의 계측완료 전에 정지된 스톤을 이동시키거나 이동하는 원인을 유발한 경우엔 위반 행위가 발생하기 전 자리에 딜리버링 팀 쪽에서 원래대로 놓는다.

(c) 외부적인 힘이 심판의 계측완료 전에 정지된 스톤을 이동시키거나 이동하는 원인을 유발했다면 그 스톤은 위반 행위가 발생하기 전 자리에 딜리버링 팀 쪽에서 원래대로 놓는다.

R10. 장비(Equipment)

(1) 선수는 장비나 손자국, 또는 신체 자국 등으로 아이스 표면을 손상하지 말아야 한다. 이를 위반하였을 시 처리 절차는 다음과 같다.
첫 번째 위반 = 최초 공식 경고, 피해 복구 조치
두 번째 위반 = 두 번째 공식 경고, 피해 복구조치
세 번째 위반 = 피해 복구 조치, 경기에서 해당 선수 제외

(2) 아이스 표면 위 어떤 곳이라도 장비를 방치한 채로 두어서는 안 된다.

(3) 경기 중에 팀은 어떠한 전자 통신 장비나 음성 변조 장치를 사용할 수 없다. '시간' 데이터 제공에 한정된 목적의 스톱워치를 제외하고, 경기 중 선수들에게 경기 현장과 관련한 정보를 제공할 수 있는 전자 장치들은 사용이 금지된다.

(4) 합당한 성능을 갖춘 전자 호그라인 장치가 사용될 때,

(a) 핸들은 딜리버리 중에 기능이 작동하도록 활성화돼야 한다. 그렇지 않다면 호그라인 위반 스톤이다.

(b) 스톤을 딜리버리하는 동안에 딜리버리 하는 손에는 장갑이나 벙어리장갑을 착용하지 말아야 한다. 이를 위반하였을 경우에는 투구된 스톤은 플레이에서 제외되며, 이에 의해 움직인 다른 스톤은 위반 행위가 발생하기 전 자리에 상대팀 쪽에서 원래대로 놓는다.

(5) 딜리버리 스틱 사용은 다음과 같이 제한된다.

(a) 딜리버리 스틱은 휠체어 경기를 제외한 WCF 경기나 이벤트에서 사용하지 못할 수도 있다.

(b) 딜리버리 스틱을 선택한 선수는 경기 동안 반드시 모든 투구에 그 장비를 사용해야 한다.

(c) 스톤은 반드시 핵에서부터 직선으로 의도한 타깃까지 투구되어야 한다.

(d) 딜리버리 엔드의 티 라인에 딜리버리 하는 선수의 한쪽 발이 닿기 전에 스톤은 명확히 딜리버리 스틱에서 릴리즈 되어야 한다. 스톤이 딜리버리 엔드의 호그라인에 닿았다면, 해당 스톤은 경기 중 상태 혹은 투구된 것으로 간주된다.

(e) 딜리버리 스틱은 팔/손을 연결하는 확장자로서의 역할 이외의 기계적인 이점을 전달하지 않는다.

(f) 만약 딜리버리 스틱과 관련한 위반 사항이 발생하였다면 투구된 스톤은 플레이에서 제외되며, 이에 의해 움직인 다른 스톤은 위반 행위가 발생하기 전 자리에 상대팀 쪽에서 원래대로 놓는다.

R11. 스코어링(Scoring)

(1) 경기의 결과는 예정된 경기 엔드에서 다득점을 했을 경우나 상대 방이 승리를 인정했을 때, 또는 한 팀이 탈락했을 때 결정되거나 한 팀이 산술적으로 탈락하고자 할 때, 최소한의 엔드를 마쳐야 한다. 만일 동점이 되었을 경우에는 연장전을 치르고 그 연장전에서 첫 번째 점수를 얻은 팀이 승리한다.

(2) 한 엔드가 끝났을 때(모든 스톤이 투구되었을 때), 한 팀은 상대의 어떤 스톤보다 티에서 더 가깝고 하우스에 위치한 스톤들 각각에 대해 1포인트씩을 얻게 된다.

(3) 하우스의 책임자인 스킵이나 바이스 스킵이 점수에 대해 동의했을 때 한 엔드가 완성이 된다. 동의하기 전에 점수에 영향을 끼칠수 있는 스톤이 움직인 경우, 반칙을 야기하지 않은 팀이 측정에의해 얻을 이익을 받을 수 있다.

(4) 한 엔드의 점수를 결정할 때 어떤 스톤이 티에 더 가까운가 판단하기 힘들 때나 스톤이 하우스 끝에 걸렸는지 안 걸렸는지 육안으로 확인이 힘들 때는 측정 장비를 이용한다. 측정은 티로부터가장 가까이 있는 스톤부터 한다. 각 팀의 하우스 책임자는 측정장비로 측정된 어떤 기록이라도 확인할 수 있다.

(5) 두 개 또는 그 이상의 스톤이 티에 밀착해 있고 측정기를 사용해서 스코어를 결정하는 것이 불가능할 경우는 눈으로 보고 결정한다.

(6) 육안이나 측정장치 어떤 것으로도 결정이 불가능할 때는 다음과 같은 방법에 따른다.

   (a) 어느 팀이 점수를 냈는지 결정 불가능할 경우는 그 엔드는 블랭크(무득점) 처리한다.

   (b) 추가 득점을 결정하기 위해 측정을 했다면, 티에 가까운 스톤들만 점수로 인정한다.

(7) 외부적인 힘이 스톤을 움직여 그것이 점수 동의 직전에 영향을 끼쳤다면 다음을 적용시킨다.

   (a) 움직인 스톤이 엔드의 점수를 결정했을 경우라면, 해당엔드를 재경기 한다.

   (b) 한 팀이 1점을 보장 받고, 움직인 스톤이 그 점수에 추가될 수 있는 상황일 때는 그 팀은 해당 엔드를 재경기하거나 이미 얻은 1점만 얻는 것 중에서 선택할 수 있다.

(8) 팀의 패배 인정은 오직 투구 팀에 의해서만 결정된다. 엔드가 끝나기 전에 팀이 패배를 인정했을 경우, 그때가지 얻은 점수만 다음 방식에 의해 결정된다.

   (a) 양쪽 팀이 여전히 투구할 스톤이 남아있다면 스코어보드에 "X"로 표기한다.

   (b) 오직 한 팀만이 스톤을 모두 투구했다면

      ⓐ 모든 스톤을 투구한 팀이 스톤을 세면 점수가 주어지지 않고, 스코어보드에 "X"로 표시한다.

      ⓑ 모든 스톤을 투구하지 않은 팀이 스톤을 세면, 점수가 주어

지고 스코어보드에 표시된다.

ⓒ 모든 스톤이 카운팅 되지 않으면, "X"가 스코어보드에 표
시된다.

(9) 팀이 지정된 시간에 경기를 시작할 수 없는 경우에는 다음과 같
이 한다.

ⓐ 경기의 시작이 1분~15분 지연되었을 경우, 상대팀에게는 1점이
부여된다. 또한 실제 경기 첫 엔드의 선후공 결정권을 받는다.

ⓑ 경기의 시작이 15분~30분 지연되었을 경우, 상대팀은 1점의 추
가 점수를 받고, 또한 실제 경기 첫 엔드의 선후공 결정권을 받
는다. 이때 두 번째 엔드는 종료된 것으로 간주한다.

ⓒ 만약 경기가 30분 후에도 시작하지 않으면 결격이 없는 팀이
몰수게임 승으로 승리한다.

(10) 몰수 경기의 최종스코어는 "W-L(win-loss)"로 기록이 된다.

R12. 경기의 중단(Interrupted Games)

어떤 이유에서든 경기가 중단되면 경기가 중단되었던 시점부터 다시
시작한다.

R13. 휠체어 컬링(Wheelchair Curling)

(1) 스톤들은 고정된 휠체어에서 딜리버리 된다.

(2) 핵과 딜리버리 엔드의 하우스 앞 부분 맨 끝 사이에서 스톤이 투구될 때, 투구 시작과 함께 스톤이 센터 라인에 올 수 있도록 휠체어 의자를 위치시켜야 한다. 하우스 앞 부분 맨 끝과 딜리버리 엔드의 호그라인 사이에서 스톤이 투구될 때, 투구 시작과 함께 스톤의 총 너비가 휠체어 라인 안에 올 수 있도록 휠체어 의자를 위치시켜야 한다.

(3) 딜리버리 하는 동안 스톤을 딜리버리 하는 선수의 발은 아이스 표면에 접촉하지 않아야 하고 휠체어의 바퀴들은 아이스표면 위에 놓여 있어야만 한다.

(4) 스톤의 딜리버리는 인습적인 팔/손 릴리즈나 승인된 딜리버리 스틱의 사용에 의해 수행된다. 스톤이 딜리버리 엔드 쪽의 호그라인에 도달하기 전에 스톤은 손이나 스틱으로부터 완전하게 릴리즈돼야만 한다.

(5) 딜리버리 엔드 쪽 호그라인에 도착할 때까지 스톤은 인플레이이며 투구 동작이 끝났을 때까지 호그라인에 닿지 않은 스톤은 다시 투구해야 한다.

(6) 스위핑은 허용되지 않는다.

(7) 딜리버리와 관련한 위반 사항이 발생하였다면, 투구된 스톤은 플레이에서 제외되며 이에 의해 움직인 다른 스톤은 위반 행위가 발생하기 전 자리에 상대팀 쪽에서 원래대로 놓는다.

(8) WCF 휠체어 경기의 경우, 경기 내내 모든 팀은 네 명이 투구해야 하며 반드시 혼성으로 구성되어야 한다. 이를 위반한 팀은 몰수 패를 당하게 된다.

(a) 모든 게임은 8엔드로 한다.

R14. 혼성 컬링(MIXED CURLING)

(1) 각 팀은 남자 선수 2명과 여자 선수 2명으로 구성되어야 하며, 남성 선수와 여성 선수는 교대로(남성 – 여성 – 남성 – 여성 혹은 여성 – 남성 – 여성 – 남성) 투구하게 된다. 교체(후보) 선수는 불허한다.

(2) 한 팀이 3명의 선수로 플레이해야 하는 상황이라고 할지라도, 성별 교대 투구 순서(남성 – 여성 – 남성 혹은 여성 – 남성 – 여성)는 그대로 유지된다. 만약 경기 중에 이런 상황이 발생하였다면 이 기준에 맞게 투구 순서를 바꿀 수 있다.

(3) 팀 내의 누구라도 스킵과 바이스 스킵이 될 수 있으나, 이 둘은 반드시 다른 성별로 구성되어야 한다.

(4) 모든 혼성 컬링 게임은 8엔드로 구성된다.

(5) 각 팀에는 코치 한 명과 팀 관계자 한 명만 허용된다. 오직 이들 둘만 지정된 코치용 벤치에 착석이 가능하다.

R15. 믹스더블 컬링(Mixed Doubles Curling)

(1) 각 팀은 2명의 선수(남자 1명, 여자 1명)로 구성되며, 교체(후보)선
수는 불허한다. 전 게임 동안 양선수가 함께 경기를 하지 않으면
몰수 패가 된다. 각 팀의 코치용 벤치에는 코치 한 명과 팀 관계
자 한 명만 착석 가능하다.

(2) 점수 제도는 정규 컬링 경기와 같다. 각 엔드 시작 전에 놓아두는
(positioned) 스톤들은 스코어 계산에 산정된다.

(3) 매 게임은 8엔드로 한다.

(4) 각 팀은 엔드 당 5개의 스톤을 딜리버리 한다. 그 엔드의 첫 번째
스톤을 딜리버리 한 선수는 그 엔드의 마지막 스톤을 딜리버리 하
게 된다. 팀의 다른 선수는 팀의 두 번째, 세 번째, 그리고 네 번
째 스톤을 딜리버리 하게 된다. 첫 번째 스톤을 딜리버리 하는 선
수는 엔드마다 바꿀 수가 있다.

(5) "고정된" 스톤과 하우스 안에 있는 스톤을 포함하여, 경기 중인
스톤들은 각 엔드의 네 번째 전에는 제거할 수 없다. 만약 위반
행위가 발생하였을 경우, 이에 의해 움직인 다른 스톤은 위반 행
위가 발생하기 전 자리에 상대팀 쪽에서 원래대로 놓는다.

(6) 매 엔드 시작 전에 한 팀은 A와 B로 명시된 두 위치 중 한 곳, 시
트의 플레잉 엔드 쪽에 스톤을 위치시켜 놓는다. 상대편 고정 스
톤은 A와 B 중 빈 곳에 놓게 된다. 고정 스톤의 위치는 다음을

따른다.

ⓐ A 위치: 스톤은 센터라인을 따라 중심에 위치하고 아이스에 그려진 3개의 점들 중 어느 하나의 점 바로 앞이나 바로 뒤에 배치하게 되며, 3개의 점은 센터라인 상에 있다(도표 참조).

ⓐ 호그라인과 하우스 앞부분 끝 사이의 중간점

ⓑ 중간점부터 하우스쪽으로 0.915m(3feet) 지점

ⓒ 중간점에서 호그라인쪽으로 0.915m(3feet) 지점

아이스 상태에 따라, 대회 관계자가 결정할 수 없을 때, 팀은 각 시트의 위치 A의 정확한 배치를 결정하고 그 배치는 경기 내내 사용된다.

ⓑ B 위치: 위치는 센터라인으로 이등분되고, 4-foot 원의 뒷부분이다. 스톤의 백엣지와 4ft 원의 백엣지가 맞닿도록 정렬시킨다(도표 참조).

ⓒ 파워플레이: 각 팀은 경기 당 한번, "고정" 스톤들의 위치에 대한 결정을 가지고 있을 때 "파워 플레이" 선택 사용으로 그 두 스톤을 고정할 수 있다. 하우스 안에 있는 스톤(B)은 해당 엔드의 후공 팀에게 속하며, 하우스 양 쪽 중 한쪽에서 8-foot 원 12-foot 원이 만나는 지점에 위치한 스톤의 백엣지가 티 라인을 접촉한다. 가드 하는 스톤(A)은 시트의 같은 쪽에 위치하며, 센터 가드에 측정되는 거리와 동일하다(도표 참조). "파워플레이" 선택은 엑스트라 엔드에서 사용할 수 없다.

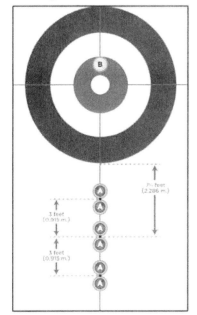

Figure No. 1 - Centre Guard

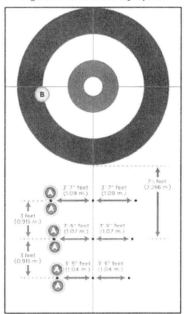

Figure No. 2 - Power Play Option

(7) "고정" 스톤 배치 결정권을 가진 팀은:

  (a) 경쟁관계에 있는 팀들은 라스트 스톤 드로우(LSD)를 사용하여 어떤 팀이 첫 엔드에서 스톤 결정권을 가지는지 정한다. 더 작은 LSD 거리를 가진 팀이 스톤배치 결정을 가지게 된다.

  (b) 첫 엔드 이후, 점수를 얻지 못한 팀이 스톤배치 결정권을 갖게 된다.

  (c) 한 엔드에서 어느 팀도 점수를 얻지 못했다면, 그 엔드에서 첫 스톤을 딜리버리 한 팀이 다음 엔드에 스톤배치 결정권을 갖는다.

(8) 팀의 "고정" 스톤이 위치 A(하우스 앞)에 배치된 팀은 해당 엔드의

첫 번째 스톤을 딜리버리 하며, 팀의 "고정" 스톤이 위치 B(하우스 안)에 배치된 팀은 해당 엔드의 두 번째 스톤을 딜리버리 한다.

(9) 팀이 딜리버리 과정 중에 있는 동안, 딜리버리 하지 않는 선수는 팀의 시트 아이스 표면 위 어느 곳이든 있을 수 있다. 딜리버리 후, 한 선수 또는 두 선수는 팀에게 속하는 플레잉 엔드의 티 라인 앞쪽 어느 곳이든 딜리버리 된 스톤과 움직이는 스톤을 스위핑 할 수 있다. 이는 LSD를 포함한 모든 팀의 딜리버리 된 스톤에 적용된다.

(10) 딜리버리와 관련한 위반 사항이 발생하였다면, 투구된 스톤은 플레이에서 제외되며 이에 의해 움직인 다른 스톤은 위반 행위가 발생하기 전 자리에 상대팀 쪽에서 원래대로 놓는다. 연속하여 스톤을 딜리버리 한 뒤까지도 위반 행위가 발견되지 않은 경우에는 위반 행위가 없었던 것처럼 경기는 계속 되지만, 해당 엔드에서 첫 번째 스톤을 딜리버리 한 선수는 해당 엔드에서 최대 2개의 스톤을 딜리버리 할 수 있다.

R16. 금지 약물(Prohibited Substances)

치료 목적으로 사용한다는 면제권을 획득하지 않는 한, 모든 경기력 향상 약물은 고의적이든 어떤 의도에서든 비윤리적이며 금지된다. 만약 경기력 향상 약물 사용이 발각된다면 해당 선수는 경기에서 실격 처리되며, 가맹국에 통보된다. 이는 더 긴 출장 정지로 이어질 수 있다.

R17. 부적절한 행위(Inappropriate Behaviour)

부도덕한 행동, 자극적인 언어 사용, 장비 남용, 팀 멤버에 대한 고의적인 상해는 금지된다. 사람에 대한 위협과 자극 등 모든 폭력은 권한을 가진 킬링기구에 의해 출장 정지로 이어질 수 있다.

3. 경기 규정(Rules of Competition)

C1. 일반 규정(General)

(1) 세계컬링연맹(WCF)의 모든 경기는 WCF의 규칙에 따른다. 변경이나 수정이 있는 경우에는 팀 미팅 시에 설명이 될 것이다.

(2) WCF경기 날짜는 WCF 집행위원회에서 결정한다.

(3) 경기 및 대회 일정은 WCF와 주최측 간의 협의에 의해 결정된다.

(4) WCF 대회에서 경기 구역에 한해 전자 담배 장치를 포함한 흡연은 금지된다.

(5) WCF 도핑 방지 규정 및 절차는 세계도핑방지위원회(World Anti-Doping Agency)의 요건에 부합하며 WCF 도핑 방지 팜플렛으로 발간된다.

(6) 변경된 모든 권장 시트 측정 기구는 WCF의 승인을 받아야 한다.

(7) WCF 세계선수권대회에서 금메달은 1위를 한 팀에게 수여되고 은메달은 2위를 한 팀에게, 그리고 동메달은 3위를 한 팀에게 수여된다. 5명의 선수(믹스더블 2명, 믹스 4명)들과 코치에게 메달이 수여되며 이들 모두 시상대 위에 올라갈 수 있다. 동계올림픽, 유스올림픽과 동계패럴림픽에서는 선수들에게만 메달과 시상식대 위에 올라가는 것이 허용된다.

C2. 참가 팀(Participating Teams)

(1) 각 팀은 연맹/협회에 의해 지정된 팀이어야 한다.

(2) 지정된 팀이 참가가 불가능하거나 참가를 원하지 않는다면 연맹/협회는 다른 팀을 참가시킬 수 있다.

(3) 팀은 최소한 행사 14일 전에 참가여부를 통보해야 한다. 교체 통보는 팀 미팅 종료 시에 통보해야 한다.

(4) WCF 경기에 참가하는 선수들은 연맹/협회가 가진 정회원 자격으로 있어야 한다.

(5) 세계 주니어 컬링 선수권대회(World Jounior Curling Championship: WJCC) 또는 그에 준하는 경기에 참가하는 선수는 대회의 시작 직전 해의 6월 30일 현재 만 21세 미만인 선수이어야

한다.

(6) 세계 시니어 컬링 선수권대회(World Senior Curling Chan-pionship: WSCC) 또는 그에 준하는 경기에 참가하는 선수는 대회의 시작 직전 해의 6월 30일 현재 50세 이상인 선수여야 한다.

(7) 세계휠체어컬링선수권대회 또는 그에 준하는 경기에 참가하는 선수는 다리 또는 걷는데 명백한 장애가 있어야 하고 일상생활에 휠체어를 사용해야 하며 자격규정에 맞는 자격을 갖추어야 한다.

(8) 모든 선수와 코치는 팀 미팅에 참석해야 한다. 심판위원장의 허가 없이 이를 지키지 않을 경우, 첫 게임의 후공 어드벤티지가 몰수 된다. 팀 선수들, 코치 1명, 팀 리더 1명, 필요 시 통역 1명만이 참석하는 게 허용된다. 라운드 로빈에서 의무적으로 한 명 또는 두 명(선수들 또는 코치)이 플레이오프 미팅에 반드시 참석해야 하며 그렇지 않으면 팀은 그들에게 권리가 있는 선택권을 잃게 된다(첫 번째 또는 두 번째 연습, 스톤 색깔 등).

(9) 팀 로테이션, 스킵과 바이스스킵의 포지션, 후보 선수, 그리고 코치의 명단은 팀 라인업 양식에 기재되어 경기 전 트레이닝(pre competition traning) 때 심판위원장에게 제출해야 한다. 팀 라인업 양식은 원래 팀 라인업(서면 혹은 전자기기) 변경 유·무를 불문하고 경기 전 연습 15분 전까지 심판장에게 제출해야만 한다.

(10) 팀은 반드시 스톤을 투구할 네 명의 선수로 시작해야 한다(믹스

더블의 경우 두 명의 선수). 자격을 갖춘 네 명의 선수들로 시작하지 않는 팀은 매 경기마다 경기 시작과 함께 몰수 패 당하게 된다. 정상 참작이 가능한 상황이라면서 3명의 배심원(WCF 회장 또는 대표자, 대회기술임원, 대회심판장)의 승인과 함께 팀은 3명의 선수로 경기를 시작할 수 있다.

(11) 경기가 진행 중인 동안 코치와 후보 선수를 비롯한 모든 팀 관계자들은 특별히 정해진 휴식이나 코치 상호작용 이외에는 경기 지역 안에 있거나 팀 선수들과 교신(통화)을 하지 말아야 한다. 코치 상호작용 실행신호를 포함하여 모든 말, 행동, 쪽지나 교신 등 모두가 이에 해당된다. 코치, 후보 선수와 한 명의 팀 관계자는 프리 이벤트와 프리 게임연습에 참석가능하나, LSD 중에는 그들 팀과 교신이 불허된다. 게임이 진행되는 동안 벤치의 코치와 지정된 자리에 있지 않는 선수들 간에는 허가되지 않은 그 어떤 의사소통도 금지된다. 이를 위반한 자는 해당 경기가 진행되는 동안 코치 벤치에서 축출된다.

(12) 미디어와 홍보의 목적으로 팀은 연맹/협회 또는 스킵의 이름으로 소개될 수 있다.

C3. 유니폼과 장비(Uniforms / Equipment)

(1) 모든 팀 멤버는 모든 게임과 연습(practice session)에 구분이 가능한 유니폼과 경기장에 적절한 신발을 착용해야 한다. 밝은 색깔의 셔츠와 스웨터 등을 착용한 팀에게는 밝은 색깔의 스톤 핸들

이 지정되고, 어두운 색깔의 셔츠 와 스웨터 등을 착용한 팀에게는 어두운 색깔의 스톤 핸들이 지정된다. 이러한 색깔 지정은 각 경기가 진행되기 이전에 WCF에 의해 지정되며, 빨간색은 어두운 색깔로 구분된다. 팀 코치/관계자들은 경기 지역에 출입 시 항상 팀/국가유니폼을 착용해야만 한다. 적색은 짙은 색으로 간주한다.

(2) 각각의 유니폼 상의에는 상부에 선수의 성이 5.08cm 크기 또는 그보다 크게, 하부에 연맹/협회의 이름이 5.08cm 또는 그보다 조금 크게 새겨져 있어야 한다. 필요하다면 연맹/협회의 이름 밑이나 선수의 이름 사이 부분에 국기를 넣을 수 있다. 두 명 이상의 같은 성을 가지고 있는 선수가 있는 경우에는 이름의 첫 번째 이니셜을 함께 표기한다.

(3) 선수의 옷이나 장비에 붙는 광고는 WCF의 가이드라인 안에서 엄격하게 다뤄지며, 전례가 없거나 받아들여질 수 없는 옷과 장비는 금지된다. 현재 WCF의 복장 규정은 54쪽에서 살펴볼 수 있다.

(4) 부적절한 유니폼을 착복한 선수나 코치는 경기 현장이나 코치용 벤치에 접근할 수 없다.

(5) 각 선수들은 경기 시작 시 허용된 스위핑 장비를 신고해야 하며, 그 선수만이 경기 중에 그 장비를 사용할 수 있다.
패널티: 만약 한 선수가 다른 선수의 스위핑 장비로 스톤을 스위핑 한다면, 그 스톤은 경기에서 제거된다.

(6) 선수들은 심판장의 특별 허가가 주어지지 않는다면 경기 중간에 브러쉬 헤드를 바꿀 수 없다.

패널티: 만약 허가 없이 바꿨을 경우, 팀은 몰수 패를 당한다.

(7) 만약 후보 선수가 경기에 출전한다면 반드시 교체되는 선수의 브러쉬를 사용해야 한다.

패널티: 만약 새로운 스위핑 장비가 경기에 투입된다면 팀은 몰수 패를 당한다.

(8) WCF 대회에서 사용되는 모든 경기장 장비는 WCF 웹사이트에서 정의하고 게재된 WCF 장비 규정을 따라야 한다. 허용되지 않는 장비로 고려되는 이유는 다음을 포함하지만, 다음에 국한되지는 않는다: 아이스 표면 손상, 기존 규정 및 기준 불복종(예 – 전자통신기기), 불공평한 이점 발생이 나타난 행위, 마감기한까지 WCF 사무국에 장비 등록하는 것을 실패한 장비

(9) WCF가 확립한 대회 장비 기준의 확인을 받지 못한 장비를 WCF 대회에서 사용했을 때의 패널티:

(a) 대회 중 팀의 첫 번째 위반 – 그 선수는 대회에서 실격되며 그 팀은 그 경기에서 몰수 패 당한다.

(b) 대회 중 팀의 두 번째 위반 – 그 팀은 대회에서 실격되며 모든 선수들은 WCF 대회에 12개월간 출전이 허용되지 않는다.

C4. 시합 전 연습(Pre-game practice)

(1) WCF 대회 전 매 게임마다 각 팀은 시합 전 연습시간을 갖게 된다.

(2) 시합 전 연습시간은 팀 미팅에서 정해진다.

(3) 라운드 로빈 방식에서의 시합 전 연습 일정은 첫 번째 또는 두 번째 연습 기회를 동일하게 하여 최대한 미리 정할 수 있게 한다. 라운드 로빈 경기에서 미리 결정할 수 없는 경우에는 동전던지기 승자가 첫 번째 두 번째의 연습을 할 선택권을 갖게 된다.

(4) 포스트 라운드로빈 게임에서는, 첫 번째 엔드의 후공은 사전에 결정되고, 첫 번째 엔드의 후공 팀이 연습을 먼저 한다.

(5) 아이스 기술자(ice technician)가 필요하다고 판단하면 연습 후 아이스는 재정비 될 것이다.

C5. 경기의 길이(Length of games)

(1) 10엔드까지 예정된 대회에서는 라운드 로빈과 타이브레이커 경기의 경우 최소 6엔드가 끝나야 하고, 플레이오프 경기의 경우 최소 8엔드가 끝나야 한다.

(2) 8엔드까지 예정된 대회에서는 최소 6엔드까지 끝나야 한다.

C6. 경기 시간(Game timing)

(1) 각 팀은 10엔드 경기의 경우 도합 38분, 8엔드 경기의 경우 도합 30분의 씽킹 타임을 부여 받는다(휠체어 컬링에서는 38분, 믹스

더블 컬링에서는 22분). 경기 중에 이 시간은 기록되고, 팀과 코치들이 확인할 수 있다.

(2) 한 팀이 게임의 시작을 지연시킬 경우, 각 팀에게 할당된 씽킹 타임이 각 엔드 당 3분 45초씩(휠체어 컬링 경기에서는 4분 45초씩, 믹스더블 경기에서 는 2분 45초씩) 줄어든다(컬링 규칙 R11(i) 적용).

(3) 연장 엔드가 필요한 경우 경기 시계는 리셋되며 각 팀은 엑스트라 엔드 당 각 4분 30초(휠체어 컬링 게임에서는 6분, 혼성 복식 게임에서는 3분)의 씽킹 타임을 갖게 된다.

(4) 경기와 각 엔드는 할당된 브레이크 타임이 끝난 경우에 시작된다. 팀이 시작을 지연시키지 않는 한 딜리버리 팀의 경기 시간은 게임이나 엔드가 시작되는 동안에는 재지 않지만(핵에서 전진하려는 움직임이 없거나, 스톤을 딜리버리 스틱으로부터 릴리즈 되지 않는 경우), 그때는 계측기가 시작될 것 이다. 매 엔드 시작 시에 지연이 되지 않고 경기가 진행되었다면 팀은 두 번째 스톤을 딜리버리 한다.

(5) 아래에 명시된 모든 조건이 충족되었을 때 딜리버리 하지 않는 팀은 딜리버리 팀이 되며 시간을 재기 시작한다.
  (a) 모든 스톤이 투구 되었을 때 또는 백라인을 지나쳤을 때. 그리고
  (b) 딜리버리 팀의 위반 행위에 의해 옮겨진 스톤이나 다시 놓을 필요가 있는 스톤이 위반 행위 이전의 제자리에 놓였을 때. 그

리고

   ⓒ 하우스의 책임자가 백라인 뒤로 가고 투구자와 스위핑 했던 선수가 시트 측면으로 가서 플레이 공간이 상대팀에게 양도될 때.

(6) 스톤이 딜리버리 엔드의 티 라인(휠체어 컬링 게임의 경우 호그라인)에 도달했을 때 해당 팀의 시간 재기를 멈춘다.

(7) 팀에서는 계측하고 있을 때 혹은 예정일 때에만 스톤을 투구할 수 있다. 위반 사항이 발생하였다면, 이에 의해 움직인 다른 스톤은 위반 행위가 발생하기 전 자리에 상대팀 쪽에서 원래대로 놓는다. 위반 행위를 범한 팀의 시간은 딜리버리 엔드에서 잘못 놓인 스톤이 재배치 되자마자 계측되며, 다시 딜리버리한 스톤이 티라인(휠체어 컬링의 경우 호그라인)에 도착했을 때 멈춘다.

(8) 만일 스톤이 외부의 물리력으로 인해 다시 위치될 필요가 있을 때는 양 팀의 게임 시간 측정은 멈춰진다.

(9) 심판이 개입할 경우 게임 시간 측정은 언제든지 멈출 수 있다.

(10) 양 팀이 엔드 점수 결과에 동의한 후 휴식시간이 시작됐을 때 계측은 중단된다. 만약 측정이 필요하다면 휴식시간은 그 측정이 완료된 후 시작한다. TV 중계 때문이나 다른 외부적인 요인 때문에 시간이 필요할 때, 엔드 사이의 휴식시간은 팀 미팅 시에 결정된다. 휴식시간이 3분 이상 지속될 경우 팀은 휴식 시간 1분이 남았을 때 통보 받을 수 있다. 팀은 휴식 시간의 10초 미만

이 남았을 때까지는 첫 번째 스톤을 딜리버리 하면 안 된다. 선수가 딜리버리 과정에 있지 않다면 딜리버리 팀의 계측기는 휴식 시간이 끝날 때 시작된다.

(a) 각 엔드 당 1분간(단, (10) (b)에 명시된 경우를 제외하고). 코치, 후보 선수, 또는 팀 관계자와 만나서 대화하거나 의사교환을 할 수 없다.

(b) 경기 중간점이 되는 엔드를 마친 후 5분간, 팀은 경기장 내에서 인정된 코치 벤치의 모든 선수와 팀 관계자와 경기구역 안에서 만날 수 있다.

(11) 선수가 다시 딜리버리를 해야 할 경우, 재딜리버리에 걸린 시간을 게임 시간에서 뺄 것인지 여부는 심판이 결정한다.

(12) 재경기를 해야 하는 엔드에서는 그 전 엔드가 끝난 시간에 기록된 시간을 재설정하게 된다.

(13) 심판이 판단하기에 팀이 불필요하게 플레이 시간을 연장시켰다면 심판은 그 팀 스킵에게 주의를 줄 수 있고, 주의를 준 후 다음 스톤이 딜리버리 엔드의 티 라인(휠체어 컬링 게임에서는 호그라인)에 45초 내로 도착하지 않았다면 그 스톤은 즉시 플레이에서 제외된다.

(14) 각 팀은 반드시 주어진 시간 안에 경기를 끝내야 하고, 그렇지 않을 경우 몰수 게임이 선언된다. 만일 시간이 종료되기 직전에 딜리버리 엔드의 티 라인(휠체어 컬링 게임에서는 호그라인)에

스톤이 도달하였을 경우, 그 스톤은 제시간 안에 도착한 것으로
간주된다.

(15) 계측 에러(다른 계측기 작동)로 계측기가 작동한 팀은 합의된 오
류시간의 2배가 추가된다.

(16) 측 오류(계측기 미작동)으로 계측기가 작동하지 않을 경우, 그
팀의 계측기에서 시간이 줄어드는 것이 아니라 상대 팀의 계측기
에 적절한 시간이 추가된다.

C7. 팀 타임아웃/테크니컬 타임아웃(Time-outs)

(1) 계측기의 사용여부와 관계없이 WCF대회에서는 팀 타임아웃을
허용한다.

(2) 각 팀은 10엔드 동안 한 번에 60초씩의 팀 타임아웃을, 그리고
연장 엔드에는 한번의 60초 팀 타임아웃을 갖는다.

(3) 팀 타임아웃의 방법은 다음과 같다
  (a) 팀 타임아웃은 오직 아이스 위에 있는 선수만 요청할 수 있다.
  (b) 팀의 어느 선수이든지 아이스 위에 있다면 팀의 시간이 계측
    되고 있는 동안에 한해서는 팀 타임아웃을 요청할 수 있다.
    선수는 "T" 사인으로 팀 타임아웃을 요청한다.
  (c) 팀 타임아웃은 타임아웃 요청과 동시에 시작되며 '트래블 타
    임(팀이 모일 시간)'을 빼고 60초가 주어진다. '트래블 타임'은

매 대회마다 심판장이 결정하며, 코치의 유무, 코치의 경기구
역 출입과 관계없이 모든 팀에게 주어진다.

(d) 코치석에 있는 한 사람과 필요하다면 통역자와 함께 팀 타임
아웃을 요청한 팀과 만나는 것이 허용되며, 코치나 통역자가
있던 장소가 링크의 바깥이라면. 얼음판 위에 들어와서는 안
된다. 지정된 코치석에 앉아 있는 한 사람과 필요시 통역은
팀이 팀 타임아웃을 부르게 된다면 팀과 만날 수 있다. 이 사
람 혹은 통역이 필요할 경우 이 사람들은, 팀을 향해 지정된
경로를 사용해야 한다. 시트 옆에 통로가 있다면 이 사람은
경기 중인 아이스 표면에 서 있으면 안 된다.

(e) 팀은 팀 타임아웃 시간 종료 10초 전에 통보를 받는다.

(f) 팀 타임아웃 시간이 종료되었다면 코치 벤치의 사람(들)은 팀
과 상의를 멈추고 경기 구역을 즉시 벗어나야 한다.

(4) 테크니컬 타임아웃은 부상이나 다른 어떤 정상 참작이 되는 상황
에서 팀이 요청할 수 있다. 게임 시간 계측은 테크니컬타임아웃
동안에 정지된다.

C8. 스톤 배정(STONE ASSIGNMENT) / LAST STONE DRAW(LSD)

(1) 라운드 로빈에서 경기 시간표상 앞에 표기된 팀이 어두운 색깔
핸들의 스톤으로 경기하게 된다. 두 번째 팀은 밝은 색깔 핸들의
스톤으로 경기한다.

(2) LSD가 필요한 게임의 경우, 각 팀의 경기 전 연습의 마지막에 두

개의 스톤은 홈엔드의 티로 각각 다른 선수에 의해 딜리버리 될 것이다. - 첫 번째 스톤은 시계방향, 두 번째 스톤은 반시계방향. LSD 스톤을 딜리버리한 선수(후보선수)는 해당 경기를 출전하지 않아도 된다. 스위핑은 허용된다(휠체어 컬링 제외). 믹스컬링 경기에서는 각각의 성별의 선수가 반드시 하나의 스톤을 딜리버리 해야 한다. 하지만 스위퍼의 경우 성별과 별개로 선택할 수 있다. 두 번째 스톤이 딜리버리 되기 전에 첫 번째 스톤은 측정되고 제거된다. 각 스톤별 기록된 거리는 모두 합산하여 해당 팀의 경기에 대한 LSD 총계를 만든다. 더 낮은 LSD 총계를 가진 팀이 경기의 첫 번째 엔드에서 첫 번째 또는 두 번째 스톤을 딜리버리 할 선택권을 가지게 된다. 만약 LSD 결과가 같을 때, 각각의 LSD 스톤의 거리가 비교되고, 가장 좋은 LSD 결과를 가진 팀이 첫 번째 엔드에서의 선후공을 결정하게 된다. 두 팀의 LSD 스톤거리가 정확하게 일치한다면, 결정을 위해 코인토스가 사용된다.

(3) LSD 거리 측정 기록은 아래의 지침을 따른다:

  (a) 모든 개별 측정을 할 때 티라인에서부터 스톤의 가장 가까운 부분까지 측정되어야 하지만, LSD 스톤 측정은 티로부터 스톤의 중심까지의 거리의 센티미터로 측정됩니다.

  (b) WCF 선수권대회에서 사용되는 공식 반경은 14.2cm이다.

  (c) 측정된 모든 결과에는 14.2cm가 추가되어야 한다. 이는 하우스에 위치하지 않은 스톤의 거리는 185.4cm+14.2cm=199.6cm임을 뜻한다.

  (d) 티를 덮고 있는 스톤은 4피트 원의 가장자리 두 곳(구멍)에서 측정된다. 이 두 위치는 중심의 홀로부터 90도 각도 및

0.610m(2피트)에 위치하고 있다.

(4) 각 선수는 할당된 시계방향, 반시계방향 LSD 딜리버리 횟수를
충족해야만 하며, 대회의 라운드 로빈 경기의 수에 따라서 횟수
가 결정된다. 오리지널 팀 라인업 서류를 기반으로 4명의 선수(
믹스더블의 경우 2명)는 LSD 딜리버리 횟수를 충족해야 한다.
만약 최하 횟수를 충족시키지 못하여 위반 하는 경우, LSD는
199.6cm로 기록된다. 후보 선수에 의하여 딜리버리 된 LSD 결
과는 라운드 로빈 경기가 종료된 후에 합산되어야하며, 선수들이
최하로 요구되는 LSD 스톤의 개수를 충족하기 위해 단 한 명의
선수와 교체할 수 있다.

라운드로빈 경기 수	LSD 스톤 개수	각 선수의 최소 수량
4	8	스톤 2개, 시계방향 1개 + 반시계방향 1개
5	10	스톤 2개, 시계방향 1개 + 반시계방향 1개
6	12	스톤 2개, 시계방향 1개 + 반시계방향 1개
7	14	스톤 3개, 최소 1개의 시계방향 + 최소 1개의 반시계방향
8	16	스톤 3개, 최소 1개의 시계방향 + 최소 1개의 반시계방향
9	18	스톤 4개, 시계방향 2개 + 반시계방향 2개
10	20	스톤 4개, 시계방향 2개 + 반시계방향 2개
11	22	스톤 4개, 시계방향 2개 + 반시계방향 2개

(5) 혼성복식에 있어서, 각 선수는 시계방향/반시계방향 LSD 스톤을
동일한 횟수로 딜리버리 해야 한다. 만약 홀수 경기라면, 각 선수

당 한 번 교대의 변화가 반드시 일어나야만 한다.

(6) 라운드 로빈 방식으로(각 조) WCF경기가 진행될 때 각 출전 팀은 다른 모든 팀과 경기를 해야하고 포스트 라운드 로빈 경기에서는 첫 번째 엔드의 첫 번째 스톤은 다음과 같은 방법으로 결정된다.

  (a) 두 팀 중 승/패의 기록이 좋은 팀이 첫 번째 엔드의 선후공 결정권을 갖는다.

  (b) 두 팀의 승/패 기록이 같을 경우에는 두 팀의 라운드 로빈 경기에서 승리한 팀이 선후공 결정권을 갖는다.

  (c) 위의 (i)과 (ii)에도 불구하고, 페이지 플레이오프 시스템을 사용하는 경기대회나 골드 메달 게임에선 1위와 2위 게임에서 이긴 팀이 첫 번째 엔드에서 선후공 결정권을 갖는다. 그리고 세미파이널 경기에서는 패자가 동메달 게임 첫 엔드 선후공 결정권을 갖는다.

(7) WCF 대회에서 조별로 나뉘어 라운드로빈 경기가 진행될 때 만약 같은 그룹의 팀이 플레이오프 경기를 진행하게 된다면 'C8의(6)' 규정이 적용되며, 만약 다른 그룹의 팀이 플레이오프 경기를 진행하게 된다면 DSC 결과가 낮은 팀이 선후공 결정권 또는 스톤핸들 색깔 결정권을 가진다. 그 후 일반 LSD(최소 요구조건을 제외하고) 결과를 통하여 어떤 팀이 첫 번째 엔드의 선후공을 선택권을 가질 것인지 결정하게 된다.

(8) 포스트 라운드 로빈 경기에서는 첫 번째 엔드의 선후공이 사전에

결정되며, 첫 번째 엔드의 선공을 딜리버리 하는 팀이 스톤 핸들 색깔의 선택권을 가진다.

C9. 팀 랭킹 부여 절차(Team Ranking Procedure) / 드로우샷 첼린지(DRAW SHOT CHALLENGE)

(1) 대회의 리그전 중에 동일한 승패 성적을 가진 팀들은 3자로 된 자신들의 팀 코드를 알파벳 순으로 표기하게 되며 동일한 순위로 표시된다.

(2) 라운드 로빈 방식에서는 다음과 같은 순서로 랭킹이 정해진다.
  (a) 팀들은 승/패에 의한 점수로 랭크된다.
  (b) 두 팀이 타이일 경우에는 그들의 라운드 로빈에서 이긴 팀이 높은 랭킹에 오른다.
  (c) 세 팀 이상의 팀이 비긴 경우, 비긴 팀 간의 경기 기록이 랭킹을 부여한다(이 절차는 모든 팀이 아닌 일부 팀에게 랭킹을 부여하고, 그때 팀들이 여전히 비긴다면 남은 팀들 간의 경기 기록이 랭킹을 부여한다).
  (d) 랭킹이 i)이나 ii)나 iii)에 의해 결정될 수 없는 모든 나머지 팀들에 대해선 DSC에 의해 랭킹이 결정된다. DSC는 대회 중의 라운드 로빈동안 팀이 경기한 LSD의 평균거리이다. 가장 나쁜 하나의 LSD 결과는 평균거리 계산 전에 자동으로 제외된다. 더 적은 DSC 결과를 받은 팀이 더 높은 랭킹을 받는다. 총 11개 또는 그 이하의 개별 스톤들이 딜리버리 될 경우, 가

장 낮은 결과를 가진 하나의 결과는 평균거리를 계산하기 전에 자동적으로 제거된다. 총 11개 이상의 개별 스톤들이 딜리버리 될 경우, 가장 낮은 결과를 가진 2개의 결과들이 평균거리를 계산하기 전에 제거된다. 더 낮은 DSC 결과를 받은 팀이 상위에 랭크된다. 만약 DSC가 같다면, 가장 좋은 LSD를 받은 팀이 높은 랭킹을 받는다. 모든 LSD가 같은 경우 WCF에서 높은 랭킹에 올려간 팀이 더 높은 랭킹을 받는다.

(e) 서로 다른 조에서 경기한 팀들이 플레이오프에 진출하지 못할 경우, 최종 순위는 각 조의 동일 순위 팀들의 DSC를 비교하여 최고의 DSC를 가진 팀을 가장 상위로 결정하게 된다.

(f) 대회에서 한 번의 패배로 인해 탈락하는 경우, 동일한 기간 동안 탈락한 팀들은 3자로 된 자신들의 팀 코드의 알파벳 순으로 표기하게 되며 동일한 순위로 표시된다.

(3) 플레이오프 진출에 대해서 팀들이 타이를 이루는 경우, 플레이오프 진출할 팀을 결정하기 위한 최대 1회의 타이브레이커 경기가 진행된다. 만약 한 번 이상의 타이브레이커 경기가 필요한 경우, 팀(들)은 추가 경기를 하지 않고 탈락될 수 있다.

(4) 도전 받을 수 있는 순위에 대해서 팀들이 타이를 이루는 경우, 최대 1회의 타이브레이커 경기가 진행된다. 만약 한 번 이상의 타이브레이커 경기가 필요한 경우, 팀(들)은 추가 경기에서 승리하지 않아도 도전 받을 수 있는 위치를 피할 수 있다.

(5) 강등 위치에 대해서 팀들이 타이를 이루는 경우, 최대 1회의 타이

브레이커 경기가 진행된다. 만약 한 번 이상의 타이브레이커 경기가 필요한 경우, 팀(들)은 추가 경기를 하지 않고 강등 위치에 배정되거나 이를 피할 수 있다.

(6) 팀의 강등과 도전 받을 위치가 한 경기에 따라 모두 결정될 수도 있다. 타이브레이커 경기 후 복수의 팀들이 도전 받을 위치에 대해서 타이를 이루는 경우, 팀이 도전 받는 것은 세계컬링연맹의 순위 절차에 의해 결정된다.

C10. 심판(Umpires)

(1) WCF는 심판위원장과 부심판위원장(들)을 각 경기마다 임명한다. 이 심판들은 남성과 여성을 함께 포함해야 하며, 이들은 각자의 소속 연맹/협회의 승인을 받은 자들이어야 한다.

(2) 심판은 규정으로 정해져 있든 아니든 팀 간 논쟁이 되는 어떠한 쟁점들을 판결해야 한다.

(3) 심판은 경기 중 어느 때라도 개입할 수 있으며, 스톤의 위치 지정, 선수들의 어필에 관여할 수 있다.

(4) 심판위원장은 권한이 허락하는 한 어떠한 경기에도 관여할 수 있고 적절히 고려한 경기 안내 지시를 줄 수 있다.

(5) 심판은 필요에 의해서면 경기를 지연하거나 지연시간을 연장할 수

있다.

(6) 모든 경기 규칙은 심판에 의해 조정될 수 있다. 심판의 판정에 불만이 있을 경우에는 심판위원장의 결정에 따른다.

(7) 심판위원장은 부적절한 언어와 행동을 한 선수 및 코치, 관계자들을 퇴장시킬 수 있다. 퇴장 지시를 받은 이들은 즉시 경기장을 떠나야하며 다시 경기에 참가할 수 없다. 한 선수가 경기에서 쫓겨났을 경우, 그 게임에선 그 선수 대신 후보 선수를 기용할 수 없다.

(8) 심판위원장은 컬링 기관에 선수나 코치, 관계자들을 현재 또는 미래에 자격박탈하거나 자격 정지를 권고할 수 있다.

4. Competitions – the Playdown Systems

동계 올림픽 경기(OWG) - 남성 & 여성

- 각 성별 당 10개 팀 ⋯ 개최국가 올림픽 위원회(NOC)의 한 팀+ 가장 최근에 열린 두 번의 세계 컬링 선수권 대회에서 가장 많은 자격점수를 획득한 7순위까지의 남성 및 여성 팀+지난 4번의 세계 컬링 선수권대회에 참가한 팀들 중 동계 올림픽 본선에 직접 참가할 수 있는 자격점수를 획득하지 못한 팀들이 참가할 수 있는 올림픽 본선 참가 자격 경기에서 선정된 2개 팀(올림픽 사이클 중 개최된 PACC에서 3위한 팀은 세계컬링선수권대회에 출전한 것으로 자격이 충족되지 않는다면 올림픽 본선 참가 자격 대회에 배정될 것이다).

- 참가팀들은 한 조에 배치되며 최고 4등 팀까지의 순위를 라운드 로빈으로 결정한다. 필요 시, 한 번의 타이브레이커를 사용하여 결정될 것이다.

- 플레이오프 시스템(Play-off System): 1등과 4등, 그리고 2등과 3

등이 각각 준결승전을 치른다. 각 경기의 승자는 결승전(금메달과 은메달)을, 패자는 동메달 결정전을 치르게 된다.

동계 올림픽 경기(OWG) - 믹스더블

- 8개 팀 … 개최국 올림픽 위원회(NOC)의 한 팀+가장 최근에 열린 두 번의 세계믹스더블 컬링선수권대회에서 가장 많은 자격점수를 획득한 7순위까지의 팀
- 참가팀들은 한 조에 배치되며 최고 4등 팀까지의 순위를 라운드 로빈으로 결정한다. 필요 시, 한번의 타이브레이커를 사용하여 결정될 것이다.
- 플레이오프 시스템(Play-off System): 1등과 4등, 그리고 2등과 3등이 각각 준결승전을 치른다. 각 경기의 승자는 결승전(금메달과 은메달)을, 패자는 동메달 결정전을 치르게 된다.

동계 장애인 올림픽경기(PWG) - 혼성팀

- 12개 팀 … 개최국 장애인 올림픽 위원회(NPC)의 한 팀+가장 최근에 열린 3번의 세계 휠체어 컬링 선수권대회에서 가장 많은 자격점수를 획득한 11순위까지의 팀
- 참가팀들은 한 조에 배치되며 최고 4등 팀까지의 순위를 라운드 로빈으로 결정한다.
- 플레이오프 시스템(Play-off System): 1등과 4등, 그리고 2등과 3등이 각각 준결승전을 치른다. 각 경기의 승자는 결승전(금메달과 은메달)을, 패자는 동메달 결정전을 치르게 된다.

동계 유스 올림픽 게임(YOG)

• 국가 올림픽 위원회(NOCs)는 세계 컬링 연맹 산하의 세계주니어컬링 선수권대회(WJCC), 세계주니어B컬링선수권대회(WJBCC)의 포인트를 합산할 것이다. 미주권역에 대한 특정 선수권대회가 필요한 경우, 자격 일정에 포함될 것이다.

16개의 혼성팀은 다음과 같은 방식(누적 점수가 높은 순에 따라)으로 선정된다.
 (a) 개최국의 1팀은 보장된다(NOC).
 (b) 북미권역 2개 팀
 (c) 남미권역 1개 팀
 (d) 아시아권역 3개 팀
 (e) 오세아니아 권역 1개 팀
 (f) 유럽권역 8개 팀
점수는 다음과 같은 방식에 의거 부여된다.

WJCC	WJBCC
1위 = 20점	1위 = WJCC에 의해 부여
2위 = 18점	2위 = 8점
3위 = 17점	3위 = 6점
4위 = 16점	4위 = 5점
5위 = 15점	5위 = 4점
6위 = 14점	6위 = 3점
7위 = 13점	7위 = 2점
8위 = 12점	8위 = 1점
9위 = 11점	
10위 = 10점	

세계 컬링 선수권 대회 - 남성(WMCC) & 여성(WWCC)

- 12개 팀(자격권 처리는 49페이지에 설명되어 있다).
- 참가팀들은 한 조에 배치되며, 최고 4등 팀까지의 순위를 라운드 로빈으로 결정한다. 필요 시, 한 번의 타이브레이커를 사용하여 결정될 것이다.
- 플레이오프 시스템(Play-off System): 1순위 팀과 2순위 팀이 경기를 한다. 승자는 결승전으로, 패자는 준결승전으로 진출한다. 3순위 팀과 4순위 팀이 경기를 한다. 승자는 준결승전으로, 패자는 동메달 결정전으로 진출한다. 준결승전에서의 승자는 결승전으로, 패자는 동메달 결정전으로 진출한다.

세계 주니어 컬링 선수권대회(WJCC) - 주니어 남성 & 주니어 여성

- 각 성별 당 10개 팀 … 1팀은 주최 협회/연맹에서 선정+지난해 세
  계주니어컬링선수권대회 상위 6개 팀+협회/연맹과 지난 주니어B
  컬링선수권대회 상위 3개 팀
- 참가팀들은 한 조에 배치되며, 최고 4등 팀까지의 순위를 라운드
  로빈으로 결정한다. 필요 시 한번의 타이브레이커를 사용하여 결
  정될 것이다.
- 플레이오프 시스템(Play-off System): 남성 및 여성 세계 컬링
  선수권대회와 동일한 시스템을 사용한다.

세계주니어B컬링선수권대회(WJBCC) - 주니어 남성 & 주니어 여성

- 차기 세계 주니어 선수권대회의 자격을 획득하지 못한 모든 세계
  컬링연맹(WCF) 회원 협회의 주니어 팀들이 참가할 수 있다. 이 대
  회에서 3개 팀이 세계 주니어 선수권대회 출전 자격을 획득한다.

(1) 만약 1~10개 팀이 참가하는 경우 한 조에 배치되며, 최고 4등 팀
  까지의 순위를 라운드 로빈으로 결정한다.

- 플레이오프 시스템(Play-off system): 남성 및 여성 세계 컬링
  선수권대회와 동일한 방식을 사용한다.

(2) 만약 10개 팀을 초과하는 경우, 일정 요구사항에 맞는 조들로 배
  치된다. 각 조는 플레이오프 및 준준결승을 위한 순위를 라운드

로빈으로 결정한다.

- 플레이오프 시스템(Play-off System): 라운드 로빈이 끝나면, 필요할 경우 타이브레이커 경기를 하더라도 반드시 1위에서 4위까지 (2개 조일 경우), 1위에서 3위까지(3개 조일 경우), 1위와 2위(4개 조일 경우)의 순위를 정해야만 한다.

  3개 조가 있는 경우, 1순위와 2순위 팀들은 준준결승으로 진출하고 3순위 팀들 중 최고의 DSC 결과를 보여준 팀도 준준결승으로 진출한다. 나머지 3순위 2팀은 준준결승에 진출할 팀을 결정할 자격경기를 하게 된다. 준준결승의 승자들은 준결승으로 진출한다. 준결승의 패자들은 동메달 결정전에 진출한다. 준결승의 승자들은 금메달 결정전에 진출한다.

세계 휠체어 컬링 선수권대회(WWhCC) - 혼성팀

- 10개 팀 … 개최 협회에서 1개 팀+이전 세계휠체어컬링 선수권대회에서 자격을 획득한 협회에서 7개 팀+세계휠체어B컬링 선수권대회(WWhBCC)에서 자격을 획득한 협회에서 2개 팀
- 참가팀들은 한 조에 배치되며, 최고 4등 팀까지의 순위를 라운드 로빈으로 결정한다. 필요 시 한 번의 타이브레이커를 사용하여 결정될 것이다.
- 플레이오프 시스템(Play-off System): 남성 및 여성 세계 컬링 선수권대회와 동일한 시스템을 사용한다.

세계휠체어컬링B선수권대회(WWhBCC) - 혼성팀

- 차기 세계 휠체어 컬링 선수권대회의 자격을 획득하지 못한 팀들이 참가할 수 있다. 이 대회에서는 2개 팀이 자격을 획득하게 된다.
- 1~10개 팀이 참가하는 경우 모든 팀이 한 조에 배치되며, 만약 10개 팀을 초과하는 경우 2개 조에 배치된다. 각 조는 플레이오프를 위한 순위를 라운드 로빈으로 결정한다.
- 플레이오프 시스템(Play-off System):
  (a) 1개 조인 경우: 남성 및 여성 세계 컬링 선수권대회와 동일한 시스템을 사용한다. 1위, 2위 팀은 다음 세계휠체어컬링선수권대회(WWhCC)의 출전자격을 가진다.
  (b) 2개 조일 경우: 두 조의 1위는 준결승에 진출한다. 자격경기는 A2 vs B3, A3 vs B2의 승자가 준결승에 진출한다. 결승전을 치른 1위와 2위 팀은 다음 세계휠체어컬링선수권대회(WWhCC)의 출전자격이 있다.

세계믹스더블컬링선수권대회(WMDCC)

- 참가에 제한이 없다(자격권 처리 및 플레이오프 시스템은 47~48페이지에 설명되어 있다).

세계믹스컬링선수권대회(WMxCC)

- 참가에 제한이 없다(자격권 처리 및 플레이오프 시스템은 47~48페이지에 설명되어 있다).

세계시니어컬링선수권대회(WSCC) - 남성 & 여성

- 참가에 제한이 없다(자격권 처리 및 플레이오프 시스템은 47~48 페이지에 설명되어 있다).

아시아태평양컬링선수권대회(PACC) - 남성 & 여성

- 아시아태평양권역 컬링 팀들이 참가할 수 있다.

복장 규정
항목 정책

- **신발** 제한이 없으며 개인적 선호에 따른다.
- **양말** 바지 속에 착용하는 경우, 제한이 없다.
- **다리 보온대** 바지 위에 착용하는 양말을 포함하여 팀별로 동일한 것을 착용한다.
- **바지** 서로 다른 브랜드는 사용 가능하지만 동일한 색상, 로고, 문장을 사용한다.
- **벨트** 만약 외부에 노출된다면, 모두 마찬가지이다.
- **치마** 어울리는 색상, 동일한 색상의 타이츠로서 치마와 바지를 혼합하여 착용할 수 있다.
- **속셔츠** 노출될 수 있지만(짧은 소매 안에 긴 소매), 외양은 반드시 색상 코디네이션을 해야 한다.
- **셔츠** 집어넣거나 빼놓을 수 있다.
- **조끼** 허용되지만 반드시 색상 코디네이션을 해야만 한다(이름, 협회 등). 한 개 이상의 착용이 허용된다.
- **재킷** 세계 컬링 연맹 지침, 협회의 지침에 따라 운동선수의 이름 등
- **투톤 재킷** 한 가지 색상이 주를 이루지만, 악센트를 주는 색상은 할 수 있다.
- **모자 달린 재킷** 모자는 노출되지 않도록 말아 넣거나 안으로 집어넣어야 한다.

- **모자** 하나 이상을 착용할 수 있으며 모든 모자는 챙이 정면에 있어야 한다. 모자의 로고는 협회 또는 대회 이름이어야 한다. 이는 팀과 코치석에 있는 사람에게도 적용된다.
- **스카프** 하나 이상을 착용할 수 있으며 하나 이상은 모두 동일하다.
- **머리띠와 손목띠** 하나 이상을 착용할 수 있으며, 하나 이상은 모두 동일하다. 큰 로고는 협회 또는 대회 이름이어야 한다.
- **장신구류** 제한이 없으며 개인적 선호에 따른다.
- **장갑** 제한이 없으며 개인적 선호에 따른다.
- **팔찌** 노출될 수 없으며, 셔츠 또는 재킷 안에 착용한다.
- **크레스트** 지난 대회의 크레스트는 허용하지 않는다. 스폰서 크레스트는 매 대회 시 신청하거나 갱신되어야 하며, 승인되어야 사용 가능하다.

제 **11** 장
어디에서
컬링을 할 수 있나?

1. 서울시 컬링경기연맹(태릉 컬링경기장)

서울시 컬링경기연맹에서 운영하는 서울컬링클럽으로 강습회는 매주 주말 또는 공휴일에 2~3회씩, 일반인과 동호인들 대상으로 운영을 하고 있다. 시간과 일정은 서울컬링클럽 홈페이지(네이버 카페)에서 확인 가능하며 02-2699-1441로 문의하면 안내해 준다. 2018 평창 동계올림픽 이후 동호인 가입자 수(네이버 카페)는 기존 1,500명에서 3,000명으로 늘었다. 지속적으로 팀을 꾸려서 컬링을 하는 동호인 수는 기존 20명에서 올림픽 이후 현재 약 100명 정도로 늘어나 활발히 활동을 하고 있다. 서울특별시와 서울특별시체육회에서는 현재 서울시 스포츠 재능나눔 교실을 창설해서 많은 서울시민들이 컬링을 체험할 수 있도록 운영하고 있다. 서울시컬링클럽은 A리그(중·상급자)와 B리그(초급자)로 나누어서 리그 경기도 진행 중이다. 태릉 컬링 경기장은 3개의 시트가 있고 대한체육회에서 관리운영하고 있다.

2. 의정부 컬링경기장

경기도 의정부시 녹양동 284-4번지 의정부 컬링경기장에 위치한 아시아 최대 규모의 컬링경기장이다. 경기도컬링경기연맹 홈페이지에 들어가면 강습회 일정을 확인 가능하며 031-877-3500으로 문의하면 안내해 준다. 의정부 컬링경기장은 현재 의정부시시설관리공단에서 관리운영하고 있으며 대관에 대한 문의는 의정부시시설관리공단 홈페이지에서 가능하며 031-837-6686으로 문의하면 안내해 준다.

3. 의성스포츠클럽(의성 컬링 센터)

의성스포츠클럽은 유아, 청소년, 성인, 노인(전 연령층)을 대상으로 경상북도 의성군 의성읍 중리리 516번지 컬링센터에 위치하고 있으며 클럽하우스에 방문하면 초, 중, 고, 일반 남녀 팀으로 선착순 가입이 가능하다. 054) 834-9555로 문의하면 강습 및 일정을 자세히 안내해 준다. 또한 이곳은 2018 평창동계올림픽에서 활약한 여자 국가대표(경북체육회)가 처음 컬링을 시작한 곳이기도 하다. 의성 컬링장은 4개 면의 컬링경장이 있다(홈페이지 주소 http://www.sportsui.com/).

4. 강릉 컬링 센터

강원도 강릉시 종합운동장길 32에 위치하고 있으며 2018 평창동계 올림픽이 열린 경기장이다. 올림픽이 끝난 후에도 강릉 컬링 센터는 유지되고 있으며 제18회 회장배 전국컬링대회, 아시아·태평양 컬링 선수권대회(PACC) 등 여러 대회가 개최될 예정이다. 강릉 컬링 센터는 다른 용도로 변경할 가능성이 컸지만 올림픽 이후 컬링에 대한 관심이 높아지면서 강원도와 코레일은 '영미컬링체험열차' 상품을 출시했다. 이곳에서는 가족 단위로 컬링체험을 할 수 있다.

부록

1) 샷분석지

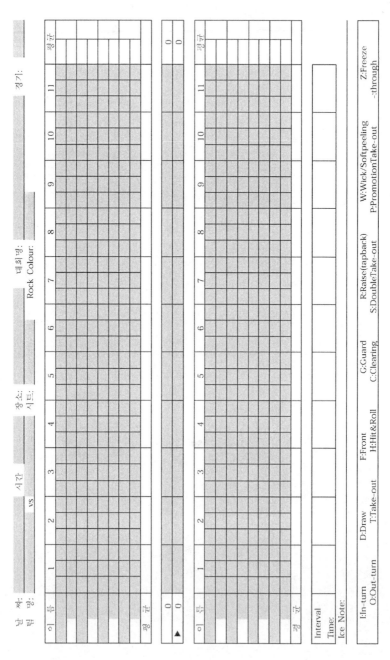

2) 스코어 가이드라인

	Basic	+3점 이상	−3점 이상	Last stone
Draw	4. 하우스 안에 멈춤	4. 티라인 앞쪽 하우스	4. 하우스 안에 멈춤	4. 득점 위치에 멈춤
	3. 완벽하지 못한 가드 뒤쪽 or 티라인 뒤쪽	3. 완벽하지 못한 가드 뒤쪽	3. 완벽하지 못한 가드 뒤쪽	2. 상대 스톤 2개보다 중심에 멈춤
	2. 원하는 위치가 아닌 하우스 안	2. 티라인 뒤쪽 or 원하는 위치가 아닌 하우스 안	2-1. 하우스 안은 아니지만 유용한 위치에 멈춤	1. 상대 스톤 1개보다 중심에 멈춤
	0. 하우스 밖	0. 하우스 밖	0. 밖으로 나감	0. 결과에 영향을 못 줌
Front	4. 호그라인 넘어 2m에 멈춤	4. 호그라인 넘어 2m에 멈춤		
	3. 호그라인 넘어 1m에 멈춤	3. 호그라인 넘어 1m에 멈춤	4. 하우스 앞쪽에 멈춤	
	2. 호그라인을 겨우 넘김	2. 호그라인을 겨우 넘김		
	0. 하우스 안 or 나감	1. 티라인 앞쪽에 멈춤	0. 하우스 안이나 뒤로 감	Last stone에 가드? No!!!!
Guard	4. 스톤을 완전히 가림			
	3. 스톤을 거의 가림			
	2. 스톤을 부분적으로 가림			
	1. 스톤을 약간만 가림 or 나쁜 위치에 멈춤			
	0. 스톤을 가리지 못함 or 너무 먼 위치에 세움			
Raise	4. 원하는 위치에 스톤을 보냄			4. 득점 위치로 보냄
	3. 원하는 위치에 비슷하게 스톤을 보냄			2. 상대 점수를 2점 이상 줄임
	2. 하우스에는 멈추었으나 원하는 위치가 아님			1. 상대 점수를 1점 줄임
	0. 성공하지 못함			0. 득점 위치로 보내지 못함
Wick/ Soft peeling	4. 두 스톤 모두 원하는 위치에 놓임			4. 두 스톤이 모두 득점 위치에 놓임
	2. 한 스톤만 원하는 위치에 놓임			2. 한 스톤만 득점 위치에 놓임
	2. Softpeeling: 스톤을 센터라인에서 벗어나게 함			
	0. 두 스톤 모두 원하는 위치로 보내지 못함			0. 득점 위치에 놓인 스톤이 없음

	Basic	+3점 이상	-3점 이상	Last stone
Freeze	4. 선상에서 5cm이하 3. 약간 빗겨남(5cm이하) 2. 선상에서 10cm이하 1. 반이상 빗겨남(10cm 이하) 0. 10cm이상or옆에 멈춤	Freeze는 점수가 앞선 상황에서는 확실히 필요하지 않다.(Draw로 표시하는 편이 좋다)	4. 선상에서 5cm이하 3. 약간 빗겨남(5cm이하) 2. 선상에서 10cm이하 1. 반이상 빗겨남(10cm 이하) 0. 10cm이상or옆에 멈춤	Draw로 표시
Take out	4. 투구된 스톤이 하우스에 멈춤 2. 두 스톤이 모두 나감 0. 상대 스톤을 쳐내지 못함 Hit stay가 불가능한 상황 이라면 Clearing으로 표시	4. 투구된 스톤이 하우스에 멈춤 2. 두 스톤이 모두 나감 0. 상대 스톤을 쳐내지 못함 두 스톤이 모두 나갈 경우 Clearing으로 표시하고 4점을 주어도 됨	4. 투구된 스톤이 하우스에 멈춤 2. 두 스톤이 모두 나감 0. 상대 스톤을 쳐내지 못함 Hit stay가 불가능한 상황 이라면 Clearing으로 표시	4. 투구된 스톤이 득점 위치에 멈춤 2. 두 스톤이 모두 나감 0. 상대 스톤이 여전히 득점 위치에 멈춤
Hit & Roll	4. 투구된 스톤이 원하는 위치로 Roll 됨 3. 투구된 스톤이 살아있으나 원하는 위치가 아님 2. 두 스톤이 모두 나감 0. 상대 스톤이 여전히 득점 위치에 멈춤			4. 투구된 스톤이 득점 위치에 멈춤 2. 투구된 스톤과 상대 스톤 모두 득점 위치에서 벗어남 0. 상대 스톤을 쳐내지 못함
Clearing	4. 두 스톤이 모두 나감 2. 한 스톤은 움직이고, 한 스톤은 나감 0. 한 스톤이 여전히 하우스 안에 남아 있음	4. 두 스톤이 모두 나감 2. 한 스톤은 움직이고, 한 스톤은 나감 0. 한 스톤이 여전히 같은 위치에 있음 만일 이기고 있는 팀이라면 투구한 스톤이 남아도 Take out으로 표시하고 4점을 주어도 무방하다	지고 있는 팀이라면 Clearing을 일반적으로 사용하지 않는다	4. 두 스톤이 모두 나감 0. 한 스톤이 같은 위치에 남음
Double Take out	4. 두개이상의 상대편 스톤이 나감 2. 2점 이상의 상대 점수를 줄임 0. 상대편 스톤이 여전히 남아있음			4. 투구한 스톤이 득점 위치에 남음 2. 상대편 스톤 한 개만 나감 1. 상대 점수 1점을 줄임 0. 상대편 스톤이 여전히 득점 위치에 남음
Promotion Take out	4. Run back된 스톤이 Guard 뒤에 멈춤 3. Run back된 스톤이 Guard 뒤에 숨지 못함 2. Run back된 스톤과 상대편 스톤이 모두 나감 0. 상대편 스톤이 여전히 득점 위치에 남아있음			4. Run back된 스톤이 득점 위치에 멈춤 2. Run back된 스톤과 상대편 스톤이 모두 득점 위치에서 벗어남 0. 상대편 스톤이 여전히 남아있음

3) 일본컬링협회 주소록

사단법인 일본 컬링 협회		Tel 03-3481-2525	(우)150-8050도쿄도 시부야구 진난1가1-1안기념체육회관내
홋카이도	홋카이도 컬링 협회	Tel 011-633-3710	(우)062-0905삿포로시 토요히라구 토요히라5조11가1-1 홋카이도립 종합 체육 센터내
	삿포로 컬링 협회		
	토마코마이 컬링 협회		
	쿠시로 컬링 협회		
토호쿠	아오모리현 컬링 협회	Tel 017-741-0544	(우)030-3903아오모리시 에이마치1-4-20이시다 스포츠내
	이와테현 컬링 협회	Tel 0195-23-7765	(우)028-6101니노헤시 후쿠오카 골목길24(회사) 니노헤 청년 회의소내
	미야기현 컬링 협회	Tel 022-211-1082	(우)980-0874센다이시 아오바구 카쿠고로1가3-11 카토님분
	아키타현 컬링 협회	Tel 0188-64-1100	(우)010-0955아키타시 산노우나카지마마치15-18 산노우 정형외과 의원내
	야마가타현 컬링 협회	Tel 023-631-6220	(우)990-0057야마가타시 미야마치2-13-31 쿠로이 산업㈜내
	후쿠시마현 컬링 협회	Tel 024-937-3975	(우)963-0111코리야마시 아사카마치 아라이자 말도 잘하고 솜씨도 좋음42-12
관동	토치기현 컬링 협회	Tel 0288-54-0605	(우)321-1401닛코시 카미하츠이시마치1046
	군마현 컬링 협회	Tel 0277-73-2310	(우)376-01010야마다군 오마마마치 오오마마474-6키타자 와님분
	도쿄도 컬링 협회	Tel 03-3435-5477	(우)105-6112미나토구 하마마쓰쵸2-4-1 세계 무역센터 빌딩12가㈜올림픽 인터내셔널내
	도쿄 컬링 클럽		
	카나가와현 컬링 협회	Tel 046-251-0267	(우)229-1123사가미하라시 우와미조1915-210이노우에칙 유키님분
	요코하마 컬링 클럽		
중부	나가노현 컬링 협회	Tel 0267-32-0019	(우)389-0202키타사쿠군 미요타마치 쿠사고에1173-141컬링 홀내
	아이치현 컬링 협회	Tel 0565-21-8283	(우)470-1213토요타시 마스즈카니시마치북 코아제13-5오 오하라 카츠유키님분
	니가타현 컬링 협회	Tel 0256-72-1535	(우)953-0042니시캄바라군 마키마치 아카사비321-43니 노미야님분
킨키 이서	쿄토부 컬링 협회	Tel 075-731-9151	(우)601-1254사쿄구 야세 노마치120숲의 유원지내
	오카야마현 컬링 협회	Tel 086-225-4058	(우)700-0866오카야마시 오카미나미쵸2-3-30오카야마 국제 스케이트 링크내
	후쿠오카현 컬링 협회	Tel 092-633-2516	(우)812-8637후쿠오카시 하카타구 천세1-15-27세이부 가스 정보 시스템㈜내

4) 용어사전

1. **가드** – 이미 놓인 다른 스톤을 보호하거나 어느 지점에 다음 스톤을 보호할 목적으로 위치시키는 스톤

2. **노우 핸들, No Handle** – 핸들의 턴 없이 던져진 스톤

3. **낫 온 더 브룸, Not On The Broom** – 스킵의 결정에 따른 방향에서 벗어나 딜리버리 된 스톤

4. **더블 테이크아웃, Double Take-Out** – 한 번에 상대편 스톤 두 개를 쳐내는 테이크아웃 샷

5. **리딩 아이스, Reading Ice** – 스킵이 원하는 방향에 스톤을 맞추기 위해 어느 정도 컬 할 것인가를 결정하는 스킵의 기술

6. **리드, Lead** – 각 엔드마다 자기 팀에서 제일 먼저 투구하는 선수

7. **롤, Roll** – 경기 중 정지해 있는 스톤에 부딪힌 후 던져진 스톤의 움직임

8. **로스트 턴, Lost Turn** – 스톤을 릴리스 했을 때 주어진 턴이 멈추어버린 스톤

9. **레이즈, Raise** – 스톤에 부딪혀 그 부딪힌 스톤을 뒤쪽으로 이동시키는 것

10. **러브, Love** – 가드 된 스톤의 옆을 지나가는 스톤이 가드 스톤 에 닿은 경우

11. **라스트 락, Last Rock** – 엔드의 마지막 스톤

12. **라벳 브리어, Labatt Brier** – 캐나다 남자 컬링 선수권대회

13. **메이저, Measure** – 엔드가 끝나고, 어느 쪽 스톤이 하우스의 중심에 가까운지 육안으로 판단이 안 될 경우 사용되는 측량기

14. **브러시, Brush** – 스톤의 진로를 스위핑 하기 위한 도구로서 돼지털이나 말털, 합성섬유로 만들어짐

15. **브러싱, Brushing** – Sweeping. 움직이는 스톤의 앞에서 브러시를 가로방향으로 앞뒤로 움직이는 행동

16. 브라이어, Brier – The Labatt Brier. 캐나다 남자 컬링 선수권대회

17. 브룸, Broom – 스톤의 진로를 스위핑 하기 위한 도구로서 밀짚이 나 합성 섬유로 만들어짐

18. 블랭크, Blank – 득점이 없는 엔드

19. 본스필, Bonspiel – 컬링 시합

20. 번드 스톤, Burned Stone – 움직이고 있는 도중에 선수나 선수의 장비가 닿은 스톤

21. 버튼, Button – 하우스의 중앙에 있는 1피트 서클

22. 백라인, Back Line – 하우스의 맨 뒷부분(12foot)에서 센터라인과 직각으로 교차하는 라인

23. 백 하우스 웨이트, Back House Weight – 하우스의 뒤에 닿을 정도의 힘으로 던져진 스톤. 티라인 위 센터라인 중간에서 12풋 링 지점

24. 바이터, Biter – 12풋의 바깥쪽 가장자리에 걸쳐 있어 점수가 될 가능성이 있는 스톤

25. 시트, Sheet – 컬링 경기를 위해 정비된 아이스표면

26. 슬로우, Slow – 원하는 샷을 던지기 위해서 요구되는 힘보다 작은 힘으로 딜리버리 된 스톤

27. 슬로우 테이크아웃, Slow Take-Out – 반대편 백 보두에 닿을 정도의 힘으로 던져진 라이트웨이트 테이크아웃

28. 슬로우 아이스, Slow Ice – 필요한 웨이트를 내기 위하여 보통 이상의 힘으로 던져야 하는 아이스 상태(헤비 아이스)

29. 스피너, Spinner – 회전을 일부러 많이 걸어 릴리스 한 스톤. 보통으로 던졌을 때보다 컬의 폭이 좁아짐

30. 스프릿 레이즈, Sprit-Raise – 다른 스톤을 쳐서 하우스 안으로 들여보내고 던져진 스톤도 하우스 안에 남는 것

31. 스틸, Steal – 선공을 한 엔드에서 득점한 것

32. 스트롱 컬 온 더 아이스, Strong Curl On The Ice – 스톤이 정상적인 아이스보다 더 멀리 돌도록 하는 아이스 상태

33. 스트레이트 핸들, Straight Handle – 릴리스 때 핸들의 회전을 주지 않고 던지는 스톤

34. 스킵, Skip – 전략을 세우고 아이스 상태를 점검하며 팀을 이끄는 선수. 일반적으로 스킵은 각 엔드에서 팀의 마지막 스톤 두개를 던진다.

35. 스코트 토너먼트 오브 하트, Scott Tournament of Hearts – 캐나다 여자 컬링 선수권대회

36. 스위핑, Sweeping – 움직이는 스톤의 길을 따라 옆으로 브러시나 브룸으로 빙면을 닦는 행동

37. 센터라인, Center Line – 시트의 중심을 이쪽 핵에서 반대편 핵까지 길게 이어진 라인. 시트의 중심선

38. 세컨드, Second – 각 엔드에서 그 팀의 두 번째로 스톤을 던지는 선수

39. 서드, Third – 각 엔드에서 세 번째로 두 개의 스톤을 던지는 선수. 일반적으로 스킵이 스톤을 던질 때 스킵의 역할을 대행하며, 샷을 결정할 때 스킵을 돕는 역할을 함(바이스 스킵 혹은 메이트).

40. 샷 락, Shot Rock – 엔드 중 항상 티라인에 가장 가까운 스톤

41. 윅, Wick – 던진 스톤이 다른 스톤의 극히 일부분에만 닿게 하는 것

42. 윅 엔 롤, Wick & Roll – 스톤의 극히 일부분을 친 후 던져진 스톤이 다른 위치로 롤 하는 것

43. 웨이트, Weight – 딜리버리 시 스톤에 주어진 힘. 스톤이 움직이는 스피드

44. 와이드, Wide – 스킵의 브룸에서 외측으로 던져진 스톤. 목표 스톤이나 목표지점으로부터 크게 벗어난 스톤

45. 오피셜, Official – 룰에 따라 경기가 진행되고 있는가 확인하는 심판 혹은 그에 따른 책임자

46. 오버 슬라이드, Over Slide – 스톤이 호그라인에 닿은 후 손에서 뗀 것. 호그라인 오버(Hog Line Over)

47. 엔드, End – 각각의 팀이 8개의 스톤을 던진 후 스코어를 결정하는 게임의 한 부분. 한 게임은 여러 엔드로 구성 되는데, 대개의 경우 8에서 10엔드로 구성된다.

48. **엑스트라 엔드, Extra End** – 10엔드가 종료되었으나 득점이 같을 경우에 행하는 연장 엔드. 엑스트라 엔드는 승패가 날 때까지 계속한다.

49. **아이스, Ice** – 테이크아웃에서는 스킵의 브룸과 목표하는 스톤 사이의 폭, 드로우에서는 스킵의 브룸과 목표 지점과의 폭, 스톤의 커브 폭, 웨이트와 빙질, 스톤에 따라 달라진다.

50. **아웃턴, Out Turn** – 스톤에 회전을 주는 방법 중 하나로서 오른손잡이의 경우 시계회전 반대방향의 턴

51. **제로 엔드, Zero End** – 점수가 나지 않은 엔드(블랭크 엔드)

52. **클린, Clean** – 이물질을 없애기 위해서 스톤의 앞에서 가볍게 스위핑하는 것

53. **컴어라운드, Come Around** – 시트의 전방에 놓여 있는 스톤의 뒤쪽으로 위치 시키고자 던지는 드로우 샷

54. **캐쉬 스필, Cash Spiel** – 상금이 있는 컬링대회

55. **티라인, Tee Line** – 하우스 중심을 센터라인과 직각으로 지나는 라인

56. **테이크아웃, Take-Out** – 다른 스톤을 쳐 그 스톤이 경기장에서 제외되게 하는 것. 히트

57. **피프스 플레이어, Fifth Player** – 팀에서 교체 가능한 선수

58. **플레이드 인, Playde In** – 스톤이 던져졌을 때 스킵의 브룸이 아닌 목표물 혹은 목표지점으로 바로 가는 스톤

59. **플레이 어 제로 엔드, Play A Zero End** – 마지막 스톤을 계속 유지하기 위해서 그 엔드에서 점수가 나지 않도록 하는 전략

60. **프리즈, Freeze** – 멈춰있는 스톤 앞에 닿을 정도로 정확히 멈추는 드로우 샷

61. **프론트 하우스 웨이트, Front House Weight** – 하우스 중앙의 티라인과 앞쪽 12풋 사이에 멈출 정도의 웨이트

62. **프로스티 아이스, Frosty Ice** – 지나친 습기로 인해 표면에 서리가 긴 아이

63. **포트, Port** – 2개의 스톤 사이로 스톤이 지나갈 수 있는 간격을 두고 놓여있는 상태

64. **포켓, Pocket** – 프리즈의 효과적인 백이 되는 스톤이 많이 놓여 있는 상태

65. **페블, Pebble** – 스톤의 미끄러짐을 좋게 하기 위하여, 게임 전에 아이스 표면에 물을 뿌려 작은 돌출된 얼음 면을 만드는 것

66. **페블 캔, Pebble Can** – 페블을 할 때 물을 집어넣고 뿌리는 통

67. **패스트, Fast** – 실제로 요구한 것보다 더 센 힘으로 딜리버리 된 스톤

68. **패스트 테이크아웃, Fast Take-Out** – 아주 빠르게 가는 테이크아웃 샷

69. **패스트 아이스, Fast Ice** – 스톤이 원하는 지점에까지 도달하는 데 걸리는 힘이 정상적인 아이스보다 적게 드는 아이스 상태

70. **호그 라인, Hog Line** – 아이스의 양 끝에 있는 핵에서부터 각각 10m 되는 지점의 가로 라인. 경기에서 스톤이 인플레이 상태가 되기 위해서는 반대편 호그라인을 완전히 지나야만 한다.

71. **헤비 아이스, Heavy Ice** – 활도가 낮은 아이스

72. **허리, Hurry** – 상당한 스위핑을 요구 할 때 외치는 신호

73. **햄머, Hammer** – 라스트 스톤의 다른 말

74. **핵, Hacks** – 스톤을 딜리버리 하기 위해 아이스의 양 끝에 발을 지탱할 수 있게 한 발판

75. **핵 웨이트, Hack Weight** – 다른 쪽의 핵까지 닿을 정도의 힘으로 딜리버리 된 약한 테이크아웃 웨이트

76. **하우스, House** – 플레이의 목표가 되는 링 또는 서클